Coleção Fundamentos da Filosofia

Sociologia das Religiões

Dados Internacionais de Catalogação na Publicação (CIP)
(Câmara Brasileira do Livro, SP, Brasil)

Weber, Max, 1864-1920.
  Sociologia das religiões / Max Weber ; tradução Cláudio J. A. Rodrigues. -- 2. ed. --
São Paulo : Ícone, 2024. -- (Coleção fundamentos da filosofia)

  Título original: Essais de sociologie des religions.
  Bibliografia.
  ISBN 978-85-274-1145-5

  1. Igualdade - Aspectos religiosos 2. Religião e sociologia 3. Religiões 4. Tolerância - Aspectos religiosos I. Título. II. Série.

10-09161   CDD-306.6

Índices para catálogo sistemático:

1. Religiões : Aspectos sociais : Sociologia
     religiosa   306.6
2. Tolerância e igualdade : Sociologia
     religiosa   306.6

Max Weber

Sociologia das Religiões

Coleção Fundamentos da Filosofia

2ª Edição
Brasil – 2024

© Copyright da tradução – 2024
Ícone Editora Ltda.

Título original
Essais de Sociologie des Religions. Paris: Gallimard, 1996.

Conselho editorial
Cláudio Gastão Junqueira de Castro
Diamantino Fernandes Trindade
Dorival Bonora Jr.
José Luiz Del Roio
Marcio Pugliesi
Marcos Del Roio
Neusa Dal Ri
Tereza Isenburg
Ursulino dos Santos Isidoro
Vinícius Cavalari

Tradução e revisão
Cláudio J. A. Rodrigues

Revisão
Marsely De Marco Dantas

Projeto gráfico, capa e diagramação
Richard Veiga

Proibida a reprodução total ou parcial desta obra, de qualquer forma ou meio eletrônico, mecânico, inclusive através de processos xerográficos, sem permissão expressa do editor. (Lei nº 9.610/98)

Todos os direitos reservados pela
ÍCONE EDITORA LTDA.
Rua Javaés, 589 – Bom Retiro
CEP: 01130-010 – São Paulo/SP
Fone/Fax.: (11) 3392-7771
www.iconeeditora.com.br
iconevendas@iconeeditora.com.br

ÍNDICE

Capítulo I
CONTRIBUIÇÃO À SOCIOLOGIA DAS RELIGIÕES MUNDIAIS, 9

Capítulo II
TIPOLOGIA DA RENÚNCIA RELIGIOSA AO MUNDO, 49
1. Negação religiosa do mundo. Seus motivos e o sentido de sua estruturação racional, 49
    1. Ascetismo e misticismo, 51
    2. Modos da renúncia ao mundo, 53
    3. A esfera econômica, 57
    4. A esfera política, 60
    5. A esfera estética, 67
    6. A esfera erótica, 70
    7. A esfera intelectual, 77
    8. Os três tipos de teodiceia, 85

Capítulo III
PROTESTANTISMO E CAPITALISMO, 89

Capítulo I

CONTRIBUIÇÃO À SOCIOLOGIA DAS RELIGIÕES MUNDIAIS

Consideramos como "religiões mundiais", sem nenhum juízo de valor, as cinco religiões ou sistemas religiosamente determinados de ordenamento da vida que conseguiram captar multidões de fiéis. No campo das religiões mundiais entram as éticas religiosas como a confuciana, a hinduísta, a budista, a cristã e a islâmica. Também examinaremos uma sexta religião, o judaísmo. Assim o faremos, pois, ele apresenta condições históricas prévias que são fundamentais para a inteligibilidade do cristianismo e do islamismo e igualmente porque tem uma significação histórica independente na evolução da moderna ética econômica no Ocidente e uma significação, em parte, autêntica e, em parte, presumida sobre a qual ultimamente tem-se polemizado muito. Faremos referência a outras religiões quando for necessário para determinar conexões históricas.

Paulatinamente iremos esclarecer o sentido do que denominamos "ética econômica" de uma religião. Esta expressão não alude às teorias éticas deduzidas a partir dos tratados teológicos já que estes, apesar de sua importância em certas circunstâncias, não deixam de ser meros instrumentos de conhecimento. A expressão "ética econômica" alude às tendências práticas à ação que se baseiam no nível psicológico e pragmático das religiões. Ainda que o presente estudo possa parecer esquemático, esclarecerá a complexidade das estruturas de uma ética econômica determinada e a diversidade polifacética de suas condições provará, também, que modalidades de organização econômica externamente semelhantes podem corresponder a éticas econômicas muito diferentes e que estas modalidades de organização econômica podem dar lugar a resultados históricos muito distintos segundo a peculiaridade de suas éticas econômicas. Uma ética econômica não é mera "função" de um modo de organização econômica e, por sua vez, as éticas econômicas também não determinam unilateralmente o modo da organização econômica.

A religião nunca determina de modo exclusivo uma ética econômica. Certamente, uma ética econômica tem uma grande autonomia a respeito das atitudes do homem perante o mundo, condicionadas por elementos religiosos ou outros elementos internos. Determinados fatores geográficos, históricos e econômicos condicionam muito essa economia. O condicionamento religioso do estilo de vida também é um, ainda que só um, dos fatores condicionantes da ética econômica. Claro que o próprio estilo de vida religiosamente condicionado está profundamente afetado pelos fatores econômicos e políticos que atuam no interior de determinados limites geográficos, políticos, sociais e nacionais. Determinar detalhadamente todos estes condicionamentos seria perder-se em um labirinto de discussões. Aqui só trataremos de identificar os fatores condicionantes do estilo de vida a respeito dos *estratos* sociais que influenciaram de maneira mais decisiva a ética prática de suas respectivas religiões. Esses fatores determinaram a reputação mais distintiva da ética prática pela qual é possível diferenciar uma ética das demais e, ao mesmo tempo, foi importante para as respectivas éticas econômicas.

Não nos deteremos aqui em um único estrato. No processo histórico são variáveis os estratos essenciais para a configuração da reputação distintiva de uma ética econômica. Além disso, a influência de um estrato determinado nunca é exclusiva. Porém, em geral, sempre são determináveis os estratos cujos estilos de vida tornam-se essenciais para determinadas religiões. À guisa de antecipação, oferecemos alguns exemplos: O confucionismo foi a ética de um *status* de prebendários, de indivíduos que possuíam uma educação literária e que se distinguiam por um racionalismo secular. O que não pertencia a este estrato culto era irrelevante. O *status* ético-religioso (ou irreligioso, se preferir) deste estrato condicionou o estilo de vida chinês independente do estrato em si.

O antigo hinduismo surgiu de uma casta hereditária de literatos cultos; eles não tinham ofício e seu papel era o de diretores espirituais e ritualistas das pessoas e comunidades. Formaram um foco estável para a determinação da estratificação por *status* e deixaram sua impressão no ordenamento social. Somente os brâmanes educados no Veda formavam, na qualidade de transmissores da tradição, o grupo de *status* religioso inteiramente aceito. E só posteriormente surgiu junto a eles um grupo de *status* constituído por ascetas que não eram brâmanes, e que se pôs em competição com os primeiros. Mais tarde ainda, na Idade Média, o hinduismo vulgarizou-se, impregnou-se do ardoroso fervor sacramental das religiões de salvação e converteu-se na prática dos estratos inferiores conduzidos por mestres provenientes do povo.

O budismo difundiu-se por meio de monges mendicantes, estritamente contemplativos, que subtraíram-se do mundo e como não tinham um lugar estável levavam uma vida migratória. Somente esses monges eram plenos participantes da comunidade religiosa. Todos os outros não eram senão leigos religiosos de condição inferior: objetos, e não sujeitos da religiosidade.

O islamismo, no começo, era uma religião de guerreiros conquistadores, uma ordem disciplinada de cavaleiros cruzados. Só não possuíam o ascetismo sexual de seus homólogos cristãos no período das Cruzadas. Contudo, na Idade Média, o sufismo contemplativo e místico estabeleceu-se, pelo menos no mesmo nível, sob a direção de plebeus experientes em orgiástica. Do sufismo surgiram as irmandades burguesas, de maneira análoga aos terciários cristãos, contudo, eles se propagaram de um modo muito mais universal.

O judaismo, a partir do êxodo, tornou-se a religião de um "povo pária" cívico. Mais adiante esclareceremos o sentido em que tomamos essa expressão. Na Idade Média, o judaismo sujeitou-se à condução de um estrato de intelectuais, com uma formação literária e ritualista que constitui um traço peculiar desta religião. Esse estrato representava uma intelectualidade pequeno burguesa, racionalista e socialmente semi-proletária.

O cristianismo, finalmente, começou como uma doutrina de artesãos assalariados e ambulantes. Em seu período mais expansivo, interna e externamente, foi uma religião predominantemente urbana e, sobretudo, cívica. O mesmo ocorreu na antiguidade, na Idade Média e no puritanismo. A cidade ocidental, singular entre as cidades do mundo – e a cidadania, em um sentido peculiar que só se deu no Ocidente – foi o quadro característico do cristianismo. Isso aplica-se tanto ao espírito piedoso da antiga comunidade religiosa, como às ordens mendicantes da Alta Idade Média e às seitas protestantes da Reforma, ao pietismo e ao metodismo.

Não somos partidários da tese de que a natureza específica de uma religião seja uma mera "função" da estrutura social do estrato que se manifesta como seu portador característico, nem que a religião represente a "ideologia" do estrato, o que "reflete" os interesses materiais ou ideais do estrato. Pelo contrário, seria um erro fundamental cair exclusivamente nesse tipo unilateral de considerações.

Por mais decisivas que sejam as influências sociais, econômicas e políticas sobre uma ética religiosa, em um caso específico, adquire essencialmente sua peculiaridade a partir de fontes religiosas e, primordialmente, do sentido de sua pregação e de sua promessa. Com frequência, essas pregações e promessas já são reinterpretadas basicamente pela geração seguinte. As reinterpretações adaptam a doutrina às necessidades da comunidade religiosa. Quando isso ocorre, o comum é que as doutrinas religiosas sejam adaptadas às necessidades religiosas. Outros âmbitos de necessidades só poderiam determinar uma influência assessória; todavia, com frequência ela se torna manifesta e, às vezes, é essencial.

Mais adiante, examinaremos até que ponto uma transformação dos estratos socialmente relevantes é significativa para toda religião. Por outro lado, é corrente que uma determinada religião exerça, uma vez instaurada, uma influência profunda sobre o estilo de vida de estratos muito heterogêneos. Tratou-se de interpretar de maneiras diversas a interrelação entre ética religiosa e situação de interesses e de modo que a primeira se torne uma simples "função" da segunda. Vemos esta interpretação no denominado materialismo histórico – do qual não nos ocuparemos aqui – e também em uma consideração puramente psicológica.

A partir da ética religiosa é possível inferir uma situação de classe, geral e abstrata, com base na teoria do "ressentimento", famosa desde os ensaios de Nietzsche e depois estudada com entusiasmo pelos psicólogos. Como se sabe, essa teoria interpreta que a exaltação moral da qualidade da fraternidade é a expressão de uma "rebelião moral de escravidão" realizada por aqueles que estão em uma situação de desvantagem social, seja por suas capacidades materiais, seja pela índole de suas oportunidades fixadas pelo destino. A moral do "dever" é vista, por conseguinte, como um produto de sentimentos de vingança "reprimidos", mantidos por homens automatizados, os quais "deslocam" seus sentimentos, já que se encontram impotentes e condenados a trabalhar e a ter que ganhar dinheiro. Eles possuem ressentimentos contra o estilo de vida do estrato dominante que vive livre de obrigações. Naturalmente que se fosse assim, seria muito simples achar uma solução para os problemas mais importantes da tipologia da ética religiosa. Não obstante, o afortunado e produtivo descobrimento da significação psicológica do ressentimento como tal, é necessário avaliar cautelosamente sua relevância para a ética social.

Em breve discutiremos as razões determinantes das diversas formas de "racionalização" ética da conduta vital como tal. Essencialmente, em nada foram desligadas do ressentimento. É indubitável, contudo, que a valoração do sofrimento na ética religiosa passou por uma mudança característica. Interpretada apropriadamente, essa mudança justifica, em certa medida e pela primeira vez, a teoria formulada por Nietzsche. A disposição primitiva frente ao sofrimento manifestou-se de maneira mais radical nas celebrações religiosas comunitárias, fundamentalmente no comportamento para com aqueles afetados por uma enfermidade e, em outros casos, de desgraças recalcitrantes.

As pessoas constantemente sofridas, enlutadas, enfermas ou sem esperança em algum aspecto eram consideradas, segundo a natureza de seu sofrimento, ou como possuídas por algum demônio ou como submetidas à ira de algum deus ao qual teriam injuriado. Admitir essas pessoas no seio da comunidade de culto poderia ser pernicioso para a mesma. Por isso, eram impedidas de participar das celebrações e sacrifícios do culto, já que os deuses não desejavam sua presença e estas podiam estimular sua ira.

A interpretação religiosa do sofrimento, como sinal de antipatia frente aos deuses e como sinal de culpa secreta, satisfez, do ponto de vista psicológico, uma generalizada necessidade. A pessoa feliz raramente se satisfaz de verdade. É preciso saber, também, que tem direito de sê-lo. Quer convencer-se de que "merece" sua felicidade e, fundamentalmente, que a merece em relação aos demais. Deseja que lhe seja permitido crer que também os menos felizes só experimentam o que lhes corresponde. A felicidade quer ser, pois, uma felicidade "legítima".

Se o termo geral "felicidade" abarca todo o "bem" da honra, do poder, da posse e do prazer, essa é a fórmula mais geral de legitimação assumida pela religião em benefício dos interesses externos e internos de todos os poderosos, proprietários, vitoriosos e sãos. A religião ministra, pois, às pessoas felizes, a teodiceia de sua boa sorte. Esta teodiceia arraiga-se em necessidades humanas muito imperiosas ("farisaicas") e é, portanto, facilmente compreensível, ainda que muitas vezes seus efeitos não sejam devidamente atendidos. O modo como esta valoração negativa do sofrimento derivou em sua glorificação religiosa torna-se, por outro lado, mais complexo. Múltiplas formas de penitência e de abstinência de um regime alimentar e de sono normais, assim como de relações sexuais, estimulam, ou pelo menos propiciam, o carisma de estados de êxtases, visionários, históricos e, em suma, de todos os estados extraordinários avaliados como "santos". Sua produção constitui, pois, a finalidade do ascetismo mágico. O prestígio dessas penitências origina-se na ideia de que determinados tipos de sofrimento e estados anormais, promovidos pela penitência, preparam a realização de poderes sobre-humanos, ou seja, mágicos. Em sentido semelhante, as antigas prescrições de tabus e abstinências atuaram em benefício de uma pureza do culto, originadas na crença em demônios. A essas prescrições, abstinências e interesses acrescentou-se o desenvolvimento de cultos de "redenção", que ocuparam um lugar novo e independente a respeito do sofrimento individual. O culto primitivo, e fundamentalmente o culto das comunidades políticas, não se ligava a nenhum interesse particular. Os deuses tribais e locais, os deuses da cidade e do império, só se ligavam a interesses vinculados à coletividade em seu conjunto: a chuva e o sol, ou a caça e a vitória sobre os inimigos. O deus tornou-se, no culto comunitário, a comunidade como tal. O indivíduo que queria evitar ou suprimir seus próprios males – fundamentalmente as enfermidades – não recorria ao culto comunitário mas, como indivíduo, dirigia-se ao feiticeiro, ao conselheiro "espiritual" e aos anciãos. O prestígio de certos bruxos e dos espíritos e divindades por cujo nome se realizavam seus milagres atraía uma clientela que era independente de suas origens locais ou tribais. Em condições propícias, isso promoveu a criação de uma comunidade "religiosa" autônoma sobre as comunidades étnicas. Alguns "mistérios", ainda que nem todos, se desenvolveram neste sentido. Ofereceram aos indivíduos, como indivíduos, sua salvação sobre as enfermidades, a pobreza e toda classe de infortúnios e perigos. O bruxo tornou-se assim um mistagogo, e desenvolveram-se dinastias hereditárias de mistagogos ou organizações de pessoas instruídas por um chefe determinado, conforme certa norma. Este chefe foi reconhecido como reencarnação de um ser sobre-humano, ou simplesmente como um profeta, quer dizer, como porta voz e emissário de seu deus. Assim surgiram organizações religiosas coletivas ocupadas do "sofrimento" individual *por si mesmo* e em sua "salvação".

Desde bem cedo foi o conjunto dos necessitados de salvação o destinatário da pregação e da promessa da religião. Essa massa e seus interesses tornaram-se o centro da organização profissional para a "cura do espírito", a qual, na prática, só surgiu com isso. O serviço específico prestado pelos bruxos e sacerdotes converteu-se na determinação dos fatores aos quais deve atribuir-se o sofrimento, isto é, a confissão de "pecados". Originariamente estes pecados foram ofensas contra prescrições rituais. O bruxo e o sacerdote também aconselhavam acerca do comportamento apropriado para suprimir o sofrimento. Isso possibilitava que os interesses materiais e ideais de bruxos e sacerdotes servissem efetivamente e de maneira crescente a motivos especificamente populares. Houve um avanço nessa mesma orientação com o desenvolvimento da religiosidade de um "redentor" sob o domínio de infortúnios característicos e recorrentes. Essa religiosidade baseou-se no mito de um "salvador" e, em consequência, pressupôs, até certo ponto, uma concepção racional do mundo. Novamente o sofrimento tornou-se o tema mais relevante. Com frequência o ponto originário dessa religiosidade era característico da primitiva mitologia da natureza. Os espíritos pelos quais eram regidos o ciclo das estações e das colheitas e o curso dos corpos celestes transformaram-se em sustentadores favorecidos dos mitos do deus que padecia, morria e ressuscitava para os homens infelizes. O deus ressuscitado assegurava a recuperação da felicidade neste mundo ou a garantia de beatitude no vindouro. Em outro caso, uma personagem popularizada das lendas heroicas – como Krishina, na Índia – adornou-se com os mitos de nascimento, paixão e luta; e essas personagens tornaram-se objeto de um fervoroso culto ao salvador. Em povos subjugados pela opressão política, como os judeus, a qualificação de "salvador" foi aplicada originalmente aos salvadores dos infortúnios políticos, tal como apresentavam-se os heróis lendários (Gideão, Jefté). Essas lendas deram lugar às promessas "messiânicas". Nesses povos ocorreu que o objeto da esperança de redenção religiosa deixou de ser o sofrimento de um indivíduo para converter-se no sofrimento da *comunidade* do povo. A regra era que o salvador adquirisse um sentido individual e universal, ao mesmo tempo em que predispunha-se a salvar ao indivíduo e a todo indivíduo que recorresse a ele.

Tem havido diversas configurações do salvador. No mazdeismo tardio, contaminado por múltiplas abstrações, uma figura totalmente artificial assumiu o papel de intermediário e salvador na pedagogia da salvação. Também tem ocorrido o contrário: um indivíduo histórico, com legitimação adquirida por meio de milagres e aparições visionárias, foi ungido com a dignidade de salvador. Condições puramente históricas foram essenciais para determinar qual dessas possibilidades seria produzida. Não obstante, de forma geral, a esperança de salvação deu lugar a uma modalidade de justificativa do sofrimento.

Originalmente, a promessa das religiões salvacionistas dependeram mais de prévias condições ritualistas do que de éticas. Por exemplo, os bens deste mundo e os benefícios ultramundanos dos mistérios eleusinos dependiam da pureza ritual e da presença no culto eleusino. À medida que aumentou a importância da lei acrescentou-se a significação dessas divindades especiais, dando-lhes o papel de protetores da ordem tradicional, de verdugos dos maus e benfeitores dos justos, na medida em que eram estabelecidos como guardiães da ordem jurídica.

Onde quer que a vida religiosa tenha sido influenciada por profecias, o "pecado" perdeu, naturalmente, seu caráter de ofensa mágica. Foi, particularmente, um sinal de desconfiança no profeta e em suas prescrições. O pecado apresentou-se como causa fundamental de toda classe de infortúnios.

Em geral, o profeta não procedeu, nem foi representante das classes baixas. Mais adiante veremos que a regra foi o contrário. E o conteúdo doutrinário do profetismo também não derivou primordialmente do contexto ideológico das classes mais pobres. Não obstante, em geral, os oprimidos, ou pelo menos os que se viam molestados pela miséria, tinham necessidade de um redentor e de um profeta; os privilegiados, os proprietários e as classes dirigentes não experimentavam essa necessidade. Por isso, o comum foi que uma religião salvadora e anunciada profeticamente encontrasse seu lugar habitual nas classes menos privilegiadas da sociedade. Para essas classes, esse tipo de religiosidade tornou-se um substituto ou um complemento racional da magia.

Quando as promessas do profeta ou do redentor não satisfaziam inteiramente as necessidades dos estratos menos privilegiados, em geral, aparecia uma religião de salvação das massas sob o disfarce da doutrina oficial. No mito do redentor encontra-se de maneira latente a concepção racional do mundo. Desse modo, em geral, essa concepção do mundo deu lugar a uma justificativa racional do infortúnio. Ao mesmo tempo, e com muita frequência, essa concepção racional do mundo deu ao sofrimento como tal um valor "positivo", originalmente muito estranho.

O sofrimento, infligido deliberadamente mediante a mortificação, alterou seu sentido ao surgirem divindades éticas que distribuíam castigos e recompensas. No começo, acrescentou-se a coerção mágica dos espíritos pela regra da pregação, assim como mediante exigências de abstinência inseridas no culto. Essa situação prolongou-se mesmo depois que a fórmula mágica para subjugar os espíritos se tornasse uma súplica dirigida a uma divindade. Acrescentaram-se castigos, como instrumentos para aplacar a cólera dos deuses mediante o arrependimento e, por meio da autopunição, evitar os castigos predeterminados. No princípio, as repetidas abstinências vincularam-se ao luto pelos mortos (isto é visto nitidamente na China), com o propósito de evitar seus ciúmes e suas iras. Por uma simples transformação, essas abstinências tornaram-se relações com os deuses devidos, que estabeleceram a mortificação e até a miséria involuntária como mais agradável aos deuses que o simples desfrutar dos bens deste mundo. Na verdade, por causa desse desfrute, o homem aplicado à conquista de prazeres, era menos sujeito à influência do profeta ou do sacerdote.

A gravitação de todos esses fatores individuais adquiriu uma grande importância sob determinadas condições.

A exigência de uma exegese ética do "sentido" de partilha dos bens entre os homens foi acrescentada com a progressiva racionalidade das concepções do mundo. A teodiceia do sofrimento começou a ver-se em dificuldades cada vez maiores à medida que acontece a racionalização das considerações religiosas e éticas sobre o mundo e se dispersaram as noções primitivas e mágicas. O infortúnio individualmente "imerecido" era demasiado frequente; tinham êxito os homens "maus" e não os "bons" e, além disso, o "bom" e o "mau" eram regulados segundo a pauta da classe dominante e não de acordo com a de uma "moralidade de escravos".

Sempre é possível interpretar o padecimento e a injustiça remetendo-se a pecados individuais cometidos em uma vida anterior (transmigração das almas), às culpas dos antecessores, pagas até a terceira e a quarta geração, ou também, na instância mais fundamentada, à perversidade intrínseca de todas as criaturas. Como promessa de compensação, existe a possibilidade de apelar às esperanças de uma vida melhor para o indivíduo no futuro deste mundo (reino messiânico) ou no além (paraíso).

A visão metafísica de Deus e do mundo, exigida pelo requisito inevitável de uma teodiceia, só chegou a produzir, em seu conjunto, poucas ideologias; apenas três, como veremos. Essas três ideologias deram soluções racionalmente satisfatórias à questão do fundamento da inadequação entre mérito e destino: a doutrina indiana do Karma, o dualismo mazdeísta, e a lei da predestinação do *deus absconditus*. Essas respostas são racionalmente suficientes; é excepcional sua manifestação em forma pura.

Foram muito fortes os efeitos da exigência racional de uma teodiceia do padecimento e da morte. De maneira mais precisa essa exigência impregnou de marcas distintivas religiões tais como o hinduismo, o mazdeismo e o judaismo e, até certo ponto, o cristianismo paulino e o posterior. Mesmo no começo do século XX, entre uma quantidade muito grande de proletários, somente uma minoria alegou conclusões extraídas de teorias modernas para explicar sua carência de fé no cristianismo. A maioria, não obstante, aludiu à "injustiça" da sociedade deste mundo; não há duvida de que isso se deveu ao fato de que essa maioria acreditava em uma redenção revolucionária neste mundo.

O ressentimento pode interferir na teodiceia do sofrimento, mas, em geral, a necessidade de equilíbrio pela precariedade do próprio destino neste mundo não destaca o ressentimento como componente essencial. Claro que a necessidade de vingança teve um parentesco especial com a certeza de que os injustos só são felizes neste mundo porque depois o inferno os aguarda. A beatitude eterna está destinada aos piedosos; desse modo, os pecados eventuais que, a longo prazo, também são cometidos por eles, teriam que ser expiados neste mundo. Não obstante, não é difícil perceber que mesmo essa consideração, que surge ocasionalmente, nem sempre está determinada pelo ressentimento, que também não é um produto regular dos estratos socialmente oprimidos. Logo veremos que são poucas as religiões que basearam no ressentimento suas premissas básicas. Só em um caso ocorre um desenvolvimento completo. O máximo que se pode dizer é que o ressentimento poderia ser relevante e por onde quer que tenha estado habitualmente, como um ingrediente a mais, entre outros, que exerceu influência sobre o racionalismo religiosamente determinado dos estratos socialmente menos privilegiados. O ressentimento cobrou tal relevância em grau bastante diverso, e às vezes mínimo, segundo a natureza das promessas formuladas pelas distintas religiões.

De qualquer forma, constituiria um erro derivar dessa fonte a preconização do "ascetismo" em geral. A desconfiança perante a riqueza e o poder, que geralmente se encontra nas autênticas religiões de salvação, teve seu fundamento natural na experiência de redentores, profetas e sacerdotes. Estes se deram conta de que as classes "fartas" e privilegiadas neste mundo só em uma ínfima medida necessitavam ser salvas, independentemente da índole da salvação oferecida. Por conseguinte, esses estratos dominantes tornaram-se menos "devotos", no sentido das religiões de salvação. O desenvolvimento de uma ética religiosa racional teve uma raiz positiva e originária na estrutura interna dos estratos sociais de menor valor social.

Em geral, os estratos possuidores de uma honra sólida e de poder social tentam apresentar uma lenda de *status* de maneira que reivindique uma qualidade particular e intrínseca própria, com frequência uma qualidade de sangue; sua convicção de dignidade radica na existência, real ou presumida, dessa qualidade. No caso dos estratos socialmente oprimidos, no dos que tem uma valoração social negativa (ou, pelo menos, não positiva), o sentido de dignidade se fortalece com mais facilidade no convencimento de que lhes foi designada uma "missão" especial; seu valor está assegurado ou formado por um *imperativo ético*, ou por sua própria *realização funcional*. Desse modo, tal valor transfere-se a algo alheio a eles mesmos, a uma "tarefa" encomendada por Deus. Nessa circunstância acha-se uma fonte do poder ideal atribuído às profecias éticas entre as classes socialmente oprimidas. Aqui o ressentimento não está apresentado como um impulso prático; foi suficiente o interesse racional pelas compensações materiais e espirituais.

Certamente, por outro lado, que profetas e sacerdotes têm-se servido do ressentimento das massas, por meio de uma propaganda intencional ou não. Mas de nenhum modo isso tem ocorrido sempre assim. Segundo nosso conhecimento, a potência essencialmente negativa do ressentimento jamais foi o princípio originário das concepções basicamente metafísicas, o que dá uma impressão singular a todas as religiões de salvação. Por outro lado, em geral, a índole de uma promessa religiosa não foi de modo algum necessária, nem mesmo primordialmente, simples porta-voz de um interesse de classe, seja de caráter externo ou interno.

Como veremos em breve, as massas permaneceram em todas as partes dentro da espessa contextura arcaica da magia, a menos que uma profecia que oferecesse promessas determinadas as tivesse levado a um movimento religioso especificamente ético. Além do mais, a índole particular das grandes concepções religiosas e éticas foi determinada por condições sociais de uma natureza muito mais complexa que a simples oposição entre estratos opressores e oprimidos. Para não incorrer em reiterações, anteciparemos algumas considerações a mais sobre essas relações. O estudioso que investiga empiricamente de nenhum modo deve interpretar única e primordialmente os valores sagrados, diversos entre si, como "extraterrenos". Isso é assim, independentemente do fato de que nem toda religião, mundana ou não, tem um "além" como morada de determinadas promessas. No começo, os valores sagrados das religiões primitivas, assim como das religiões civilizadas, proféticas ou não, foram bens desse mundo bastante positivos. Com exceção parcial do cristianismo e de outros poucos credos particularmente ascéticos esses valores foram saúde, vida longa e riquezas. Esses valores estavam contidos nas promessas das religiões chinesa, védica, mazdeísta, hebreia antiga e islâmica; e também nas religiões fenícia, egípcia, babilônica e nas antigas religiões germânicas, assim como nas promessas do hinduismo e do budismo para os leigos devotos. Somente o religioso virtuoso, o asceta, o monge, o sufi e o dervixe, procuraram adquirir valores sagrados "extraterrenos", em confrontação com bens mundanos tão positivos como a saúde, a riqueza e uma vida longa. Esses valores sagrados extraterrenos, por outro lado, não foram de modo algum apenas valores do além. Isso não ocorreu, ainda que seus adeptos o cressem. Em um sentido psicológico, ao homem que buscava salvar-se importava-lhe predominantemente atitudes atuais e terrenas. A *certitudo salutis* puritana, o estado de graça permanente, fundado no sentimento de "haver-se provado a si mesmo", foi, em um sentido psicológico, o único objeto concreto dos valores sagrados dessa religião ascética. O monge budista, seguro de alcançar o nirvana, busca a sensação de um amor cósmico; o hindu fervoroso busca o bhakti (amor fervoroso em posse de deus) ou o êxtase indolente. O *chlyst* com sua dança orgiástica (radjeny) e, também o dervixe dançarino, tentam alcançar um êxtase orgiástico. Outros desejam ser possuídos por Deus e possuir a Deus, serem esposos da Virgem Maria, ou mulheres do Salvador. O culto dos jesuítas ao coração de Jesus, a edificação quietista, o doce amor dos pietistas pelo menino Jesus e sua "chaga aberta", as orgias sexuais e semi-sexuais do cortejo de Krishina, os alimentos sofisticados do culto dos Vallabhacharis, as cerimônias masturbatórias do culto gnóstico, as diferentes maneiras da *unio mystica* e a submersão contemplativa no Ser pleno – todos esses estados, seguramente, foram buscados, sobretudo, pelo valor emotivo que oferecem imediatamente ao devoto. Nesse sentido, coincidiram faticamente e com plenitude com a embriaguez alcoólica e religiosa do culto dionisíaco e do sorna; as orgias carnívoras totêmicas, os banquetes canibalísticos, a antiga utilização religiosamente consagrada do haxixe, do ópio e da nicotina e toda classe de intoxicação mágica são, em geral, tomados por específicos consagrados e divinos em virtude de seu efeito psíquico excepcional e do valor intrínseco dos correspondentes estados determinados por eles. Até a orgia mais primitiva contava com uma interpretação significativa, ainda que somente as religiões racionalizadas concedessem um sentido metafísico a esses atos especificamente religiosos, independentemente da aquisição imediata de valores sagrados. E, desse modo, as religiões racionalizadas sublimaram a orgia em "sacramento". O caráter da orgia, porém, foi puramente animista e mágico. Só em um grau mínimo, e até mesmo em nenhum grau, contém traços do pragmatismo universalista e cósmico do sagrado. E esse pragmatismo é relevante em todo racionalismo religioso. Contudo, mesmo depois dessa sublimação da orgia em sacramento, mantém-se naturalmente, a circunstância de que, para o devoto, o valor sagrado foi, primordialmente, um estado psicológico terreno e atual. Este estado radica essencialmente na atitude emotiva por si mesma, induzida de maneira direta pelo ato especificamente religioso ou mágico, pela disciplina ascética ou pela contemplação.

Como disposições extraordinárias os estados religiosos só podem revestir-se de um caráter e uma aparência externa transitórios. E assim ocorreu originariamente em todas as partes. A única maneira de diferenciar entre estados "religiosos" e "profanos" consiste em referir-se ao caráter extraordinário dos estados religiosos. É possível aspirar a um estado particular, obtido por meios religiosos, julgando-o um "estado sagrado" destinado a tomar posse do homem em seu conjunto assim como de seu destino duradouro. A passagem de um estado sagrado momentâneo a um permanente foi fluido.

As duas concepções supremas das doutrinas religiosas de salvação sublimadas são a "ressurreição" e a "redenção". A ressurreição, um valor mágico primitivo, implicava na conquista de uma nova alma mediante um ato orgiástico ou mediante um ascetismo metodicamente planificado. O êxtase proporcionava, momentaneamente, uma nova alma; mas mediante o ascetismo mágico era possível procurar-se obtê-la de maneira permanente. O jovem que quisesse ingressar na comunidade de guerreiros na qualidade de herói ou intervir em suas danças mágicas ou orgias ou que aspirava comunicar-se com as divindades em celebrações cultuais, devia possuir uma nova alma. São, pois, muito antigos, o ascetismo mágico e heroico, os ritos de iniciação dos jovens e as práticas sacramentais de ressurreição em momentos relevantes da vida privada e pública. Os meios empregados nessas atividades variavam tanto como seus fins, quer dizer, as respostas à pergunta: "para que devo voltar a nascer?".

São muito diversas as perspectivas a partir das quais é possível tipificar os diferentes estados religiosos e mágicos que emprestaram sua característica psicológica às religiões. Não nos ocuparemos aqui com uma tipificação semelhante. Em relação ao que foi citado só indicaremos, em termos gerais, o seguinte:

A classe de estado empírico de glória ou vivência de ressurreição postulada por uma religião como valor supremo lógica e necessariamente transforma-se conforme a índole do estrato social que a adotou de maneira preponderante. Certamente que a classe dos cavaleiros guerreiros, as classes camponesas e comerciais, e os intelectuais com uma educação literária seguem tendências religiosas distintas. Tais tendências não foram, por si, determinantes do caráter psicológico da religião; mas sua influência sobre essa foi duradoura. É particularmente relevante o contraste entre classes guerreiras e camponesas, e entre classes intelectuais e comerciais. Entre esses grupos, os intelectuais sempre foram caracterizados por adotar um racionalismo relativamente teórico nesta situação. As classes comerciais (mercadores e artesãos) foram, pelo menos, prováveis expoentes de um racionalismo de índole mais prática. Ambos os tipos de racionalismo adotam formas diversas, mas sua influência foi sempre relevante a respeito da atitude religiosa.

A especificidade dos estratos intelectuais nesta questão foi de importância fundamental para a religião no passado. Atualmente pouco importa para o desenvolvimento de uma religião que os intelectuais modernos experimentem ou não a necessidade de desfrutar de um estado "religioso" como "vivência", apesar de toda classe de sensações, além do fato de adornar seu elegante mobiliário interno com peças de comprovada autenticidade e antiguidade. Nunca foi essa a fonte de uma ressurreição religiosa. Foram os intelectuais os que, no passado, sublimaram a possessão de valores sagrados em uma convicção de "redenção". A ideia de redenção, como tal, é muito antiga, se por ela entende-se uma liberação da miséria, fome, seca, enfermidade e, em suma, do sofrimento e da morte. Porém, a redenção só adquiriu uma significação específica quando tornou-se a expressão de uma "imagem do mundo" sistemática e racionalizada, e representou uma atitude frente ao mundo. Efetivamente, a significação e também a índole psicológica, suposta e real, da redenção, foram relativas a essa imagem do mundo e a essa atitude. O comportamento do ser humano não se rege imediatamente por ideias, mas por interesses materiais e ideais. Frequentemente, contudo, as "imagens do mundo" originadas em "ideias" determinaram, como uma sentinela, a via seguida pela ação, impulsionada pela dinâmica de interesses. "Porquê" e "para quê" desejava-se ser redimido e, recordemos, "se, podia ser" redimido, dependia da própria imagem do mundo. As possibilidades foram, a esse respeito, muito diversas. Era possível desejar-se a salvação da servidão política e social e o ingresso, no futuro, a um reino messiânico deste mundo; ou era possível desejar-se a salvação de encontrar-se contaminado por impurezas rituais e esperar obter a pura beleza da existência psíquica e corporal. Era possível desejar livrar-se da prisão de um corpo impuro e esperar alcançar uma existência puramente espiritual. Era possível desejar-se a salvação do mal radical e da servidão do pecado e esperar a eterna e livre bondade no seio de um deus pai. Era possível desejar-se a salvação da servidão do trabalho sob a determinação astrologicamente concebida das constelações estelares e anelar à dignidade da liberdade e à participação no ser da divindade oculta. Era possível desejar-se transcender os limites do finito, que se manifestam em dor, miséria e morte, e ser liberto do ameaçador castigo do inferno e aguardar uma eterna beatitude em uma vida futura terrenal ou paradisíaca. Era possível desejar-se liberação do céu de reencarnações e de suas implacáveis consequências pelos atos de tempos passados e aguardar a conquista de uma eterna tranquilidade. Era possível desejar-se emergir de pensamentos e acontecimentos sem sentido e esperar dormir sem sonhar. Naturalmente, havia muitos outros tipos de crenças. Em todas elas encontra-se uma determinada atitude perante algo do mundo real que é vivido como peculiarmente "sem sentido". Desse modo, em todas essas crenças jaz tacitamente esta exigência: que a ordem mundana, em sua totalidade, é, talvez, e deve ser de alguma maneira, uma "inversão" significativa. Os portadores dessa exigência, centro do legítimo racionalismo religioso, são precisamente os estratos intelectuais. As orientações, as conclusões e a eficácia dessa exigência metafísica de um universo significativo tem diferido muito. Contudo, podemos indicar algumas generalidades.

Observemos um resultado geral do modo moderno de racionalizar completa, teórica e praticamente, com uma finalidade definida, a visão do mundo e do modo de vida, a saber, a tendência da religião ao domínio do irracional. Isso tem sido diretamente proporcional ao desenvolvimento progressivo da racionalização deliberada, desde o ponto de vista de uma sistematização intelectual da concepção do mundo. Diversos motivos deram lugar a essa tendência da religião ao irracional. Por um lado, não era fácil para o cálculo racionalista coerente chegar a resultados precisos sem resíduo algum. No campo da música, por exemplo, a "nota" pitagórica não pôde ser reduzida a uma completa racionalização que apontava para uma física tonal. Os diferentes sistemas musicais de todos os povos e épocas diversificaram-se quanto ao modo de dissimular ou de limitar essa inevitável irracionalidade, ou, por outro lado, utilizaram essa irracionalidade para a obtenção de uma exuberância de tonalidades. Algo análogo aconteceu acerca da concepção teórica do mundo, ainda que em muito maior grau, e, particularmente, isso se produziu no campo da racionalização da vida prática. As maneiras distintas de levar uma vida racional e disciplinada teve por traço distintivo basear-se em hipóteses irracionais, as quais foram consideradas como "dados" e introduziram-se nessa prática de vida. Estas hipóteses foram social e historicamente determinadas, em grande medida, pela índole própria dos estratos que carregavam esses modos de vida em sua etapa formativa. A situação de interesses desses estratos, em sua determinação psicológica e social, produziu essa índole, tal como a entendemos aqui.

Por outro lado, os resíduos irracionais da racionalização da realidade se constituíram como as áreas específicas em que o incontrolável desejo de possessão de valores sobrenaturais do intelectualismo viu-se constrangido a ser redobrado. Isso intensifica-se quanto mais livre de irracionalidade parece encontrar-se o mundo. A imagem primitiva do mundo constituía uma unidade cuja essência era a magia concreta; a cisão dessa unidade determinou, por um lado, o conhecimento racional e o domínio racional da natureza e, por outro, experiências "místicas". O fundo inefável destas experiências é o único "mais além" possível que fica junto à instrumentalização de um mundo esvaziado de seus deuses. Faticamente, esse mais além subsiste como uma zona descarnada e metafísica na qual o indivíduo pode chegar a uma comunhão íntima com o sagrado. A formulação sem resíduos dessa conclusão apresenta a necessidade de que o indivíduo só pode buscar sua salvação como tal junto com a expansão do racionalismo intelectualista. Esse fenômeno surge de uma maneira ou de outra, por onde quer que os homens se atrevam a racionalizar a ideia do mundo como se ele fosse um cosmos governado por regras impessoais. Claro que isso se produziu com maior coesão nas religiões e éticas religiosas influenciadas de modo bem enérgico por estratos de intelectuais impulsionados a uma intelecção puramente cognitiva do mundo e de seu "sentido". Vemos isso, sobretudo, no caso das grandes religiões asiáticas e, especificamente, as indianas. Aqui a contemplação sucedeu o valor absoluto e essencial acessível ao homem. A contemplação foi o caminho para a profunda e feliz placidez e imobilidade do Ser pleno. Não obstante, as demais formas de estados religiosos foram tomadas, no melhor dos casos, como substitutos relativamente valiosos da contemplação. Como veremos, isso teve amplas consequências a respeito do vínculo entre a religião e a vida, mesmo na vida econômica. Essas consequências derivam da índole geral das experiências "místicas", em sentido contemplativo, e das prévias condições psicológicas de sua realização.

Essa situação mudou por completo quando os estratos cuja participação era básica para o desenvolvimento de uma religião começaram a mover-se sem a vida prática. A diversidade dos resultados foi determinada segundo a intervenção dos heróis guerreiros nobres, funcionários políticos, classes com poder aquisitivo ou, finalmente, quando a religião esteve regida por uma hierocracia organizada e quando os intelectuais ocuparam uma posição determinante.

O racionalismo da hierocracia surgiu do interesse profissional pelo culto e pelo mito, ou, em maior medida da proteção das almas, quer dizer, a confissão dos pecados e os conselhos aos pecadores. A hierocracia, em qualquer lugar, buscou o monopólio administrativo dos valores religiosos. Também tratou de diminuir a concessão de valores religiosos, dando-lhe a forma de "graça sacramental" ou "corporativa", a qual unicamente podia ser concebida pelos sacerdotes e não estava ao alcance do indivíduo. A busca de salvação individual ou a busca pelas comunidades livres por meio da contemplação, orgias ou ascetismo foram consideradas muito suspeitas e tiveram que ser controladas pelo rico e, particularmente, reguladas pela hierocracia. Isso fica óbvio a partir dos interesses dos sacerdotes no poder.

Além disso, toda corporação de funcionários *políticos* mostra desconfiança perante qualquer classe de empresas de salvação individual e diante de espontânea formação de comunidades, enquanto recursos para liberar-se da domesticação monopolizada pelas instituições estatais. Os funcionários políticos viram com receio a corporação de graça competitiva dos sacerdotes e, particularmente, menosprezaram a própria busca desses valores não práticos, situados mais além dos objetivos utilitários e mundanos. Para todas as burocracias políticas, em última instância, as obrigações religiosas só foram deveres oficiais e sociais da cidadania e dos grupos de *status*. O ritual correspondia a normas e prescrições e, por conseguinte, a religião, na medida em que se viu submetida à burocratização, toma sempre um caráter ritualista. Assim mesmo, é frequente que um estrato de guerreiros nobres busque metas totalmente mundanas e se afaste de todo "misticismo". Não obstante, esses estratos e em geral todo heroísmo, não teve o desejo, nem a capacidade, de obter um domínio racional da realidade. A irracionalidade da "sorte" e, segundo certas condições, a imagem de um vago "destino", considerado de modo determinista, (a *Moira* homérica), localizam-se acima e por trás dos deuses e demônios, vistos como heróis vigorosos e apaixonados que concedem proteção ou hostilidade, glória e riqueza, ou morte, aos heróis humanos.

Os *camponeses* optaram pela magia. Sua vida econômica estava particularmente sujeita à natureza e os submeteu às forças elementares. Estão predispostos a confiar em uma feitiçaria coercitiva dirigida contra os espíritos, ou creem meramente na possibilidade de comprar a boa vontade divina. Só foi possível fazê-los sair dessa forma primitiva de religiosidade à custa de grandes modificações da orientação da vida. Essas mudanças originaram-se em outros estratos, ou pelos profetas que se legitimaram como bruxos pela influência de seus milagres. Os estados de possessão orgiásticos e extáticos, provocados por tóxicos ou pela dança, são estranhos à honra do *status* dos nobres, já que os consideram como pouco dignos. Não obstante, esses estados ocupavam entre os camponeses a posição que os intelectuais concedem ao "misticismo".

Podemos considerar, finalmente, os estratos denominados "cívicos", no sentido europeu ocidental, como também seus equivalentes em outras partes do mundo: artesãos, comerciantes, empresários que trabalham na indústria doméstica e seus derivados, os quais só são encontrados no Ocidente. Esses estratos, aparentemente, são os que se manifestaram de maneira mais ambígua a respeito de questões religiosas. E isso nos interessa de maneira particular.

Entre estes estratos "cívicos", os seguintes fenômenos são os que se arraigaram com maior firmeza: a graça institucional e sacramental da igreja romana nas cidades medievais; a graça mistagógica e sacramental nas cidades antigas e na Índia; a religião orgiástica e contemplativa dos sufis e dos dervixes no Oriente Médio; a magia taoista; a contemplação budista; a aquisição de graça ritualista sob a condução das almas pelos mistagogos, na Ásia; todos os tipos de amor por um salvador; as crenças universais de redenção, desde o culto de Krishina ao de Cristo; o ritualismo racional da lei e o sermão da sinagoga, desprovido de magia, entre os judeus; as seitas medievais ascéticas; a graça da predestinação e a regeneração ética dos puritanos e metodistas; e também toda classe de buscas individuais da salvação. A maior fixação desses fenômenos deu-se precisamente nos estratos "cívicos".

Naturalmente, é óbvio que as religiões de todos os estratos não dependem sem traço de ambiguidade da índole peculiar desses mesmos estratos. Contudo, nesse sentido e em geral, os estratos cívicos parecem apresentar uma determinação mais diversificada. Mas justamente entre esses estratos é possível encontrar uma orientação definida para uma atitude religiosa preponderante. É comum a todos os estratos cívicos a tendência a um racionalismo prático da conduta; está determinado pela particularidade de seu estilo de vida. A existência desses estratos, em sua totalidade, fundamenta-se em cálculos tecnológicos e econômicos e no domínio da natureza e dos homens, por mais rudimentares que fossem os recursos disponíveis. Claro que como ocorreu frequentemente e em qualquer lugar, o estilo de vida transmitido entre esses estratos pode achar-se contaminado de tradicionalismo, mas, justamente por esta causa, sempre se deu, ainda que em grau diverso, a possibilidade de consentir a um controle ético e racional da vida. Isso pode ser realizado mediante a conexão dessa ética com a orientação a um racionalismo tecnológico e econômico. Esse controle nem sempre pôde desenvolver-se contra as tradições magicamente estereotipadas e não fundamentais. Mas à medida que a profecia ministrou uma base religiosa, ela pôde corresponder a um dos dois tipos fundamentais de profecia que discutiremos em seguida: a profecia "exemplar" e a profecia "emissária".

A profecia exemplar marca o caminho de salvação por via de uma vida exemplar, em geral contemplativa e apático-extática. O profeta emissário, pelo contrário, dirige suas *exigências* ao mundo em nome de um deus. Obviamente trata-se de exigências éticas que têm, com frequência, um caráter ascético ativo.

É compreensível que a preponderância dos estratos cívicos e seu desprendimento dos condicionamentos do tabu e das divisões em estirpes e castas tenha determinado um terreno favorável para religiões que requerem ação neste sentido. Nessas circunstâncias, a atitude religiosa fundamental poderia ser a atitude do ascetismo ativo, da ação ordenada por Deus e alimentada pela convicção de ser "instrumento" de Deus. Em vez da possessão da divindade ou o abandono íntimo e contemplativo em Deus, que se deu como valor supremo nas religiões influenciadas por estratos de intelectuais. No Ocidente, o ascetismo ativo foi repetidamente predominante acerca do misticismo contemplativo e do êxtase orgiástico ou apático, mesmo quando estas últimas modalidades não eram desconhecidas ao Ocidente. O ascetismo ativo, porém, não se limitou aos estratos cívicos; a determinação social não foi assim tão nítida. A profecia de Zoroastro foi dirigida à nobreza e aos camponeses; a profecia islâmica foi dirigida aos guerreiros. Essas profecias, da mesma forma que a judaica e a primitiva profecia e pregação cristãs tiveram um caráter ativo que contrasta com a propaganda do budismo, do taoismo, do neo-pitagorismo, do gnosticismo e do sufismo. Algumas conclusões determinadas das profecias emissárias, porém, foram inferidas justamente por motivos cívicos.

Na profecia missionária, os fiéis não se consideravam transmissores do divino, mas antes instrumentos de um deus. Essa profecia emissária teve uma estreita afinidade com uma concepção particular de Deus: a imagem de um Rei da Criação ultra-terreno, pessoal, colérico, piedoso, benévolo, severo, vingador. Esta ideia difere-se da concepção da divindade da profecia exemplar. Em geral, ainda que não sem exceções, a divindade de uma profecia exemplar é um ser impessoal porque, como ser estático, só é alcançável mediante a contemplação. A ideia de um deus ativo, sustentado pela profecia emissária, prevaleceu nas religiões persas e do Oriente Médio e nas religiões ocidentais derivadas destas. A ideia de uma divindade suprema acessível ao êxtase, sustentada pela profecia exemplar, foi dominante na religiosidade indiana e chinesa.

Estas diversidades não têm um caráter primitivo. Pelo contrário, aparecem unicamente no final de uma profunda sublimação das concepções primitivas dos espíritos animistas e das deidades heroicas, que em todas as partes têm um caráter similar. Seguramente, também foi grande a influência exercida nesse processo de sublimação pela conexão das concepções de Deus com estados religiosos, avaliados e desejados como valores sagrados. Esses estados religiosos foram considerados meramente no sentido de uma imagem diversa de Deus à medida que os estados sagrados avaliados como supremos fossem experiências místicas contemplativas ou um êxtase apático, ou implicassem a possessão orgiástica de um deus, ou inspirações e "ordens" visionárias.

Uma orientação atual insiste em que se deve considerar como fundamental o conteúdo emotivo, interpretando as ideias como mera expressão secundária deste conteúdo. Desde este ponto de vista, é possível mostrar uma tendência a interpretar a predominância das conexões "psicológicas" com respeito às "racionais", como único nexo determinante e considerar, consequentemente, essas conexões racionais como *meras* expressões das psicológicas. Mas isso seria exceder-se em demasia, como demonstra a evidência fatídica. O desenvolvimento a uma concepção supramundana ou imanente de Deus foi condicionado por uma série de motivos puramente históricos. E essas concepções, por sua vez, influenciaram de maneira decisiva o modo de conexão das experiências de salvação. Como o veremos repetidamente, isso se aplica de maneira nítida à ideia do Deus supramundano.

Certamente há uma autonomia dos elementos racionais de uma religião, de sua "doutrina"; por exemplo, a doutrina hindu do carma, a fé calvinista na predestinação, a justificação luterana por meio da fé, e a doutrina católica do sacramento. Em determinadas circunstâncias, o pragmatismo racional da salvação, inferido a partir da índole das concepções de Deus e do mundo teve consequências profundas para a elaboração de um estilo prático de vida.

Aqui, esses comentários implicam que a índole dos valores sagrados buscados estão muito influenciados pelo caráter da situação de interesses e pelo correspondente estilo de vida das classes dirigentes e, consequentemente, pela própria estratificação social. Mas também o contrário é correto; sempre que houve uma racionalização metódica da condução de todo estilo de vida, esta esteve profundamente determinada pelos valores últimos aos quais se encaminharam esta racionalização. Desse modo, esses valores e posições se tornaram *religiosamente* determinados.

Existiu um fator muito importante para determinar o caráter das mútuas interrelações entre situações externas e internas de interesses. Os valores sagrados "supremos", prometidos pela religião e que consideramos acima, não foram forçosamente os mais universais. Nem todos podiam aceder ao nirvana, à união contemplativa com a divindade, à possessão orgiástica ou ascética de Deus. Em forma mitigada, a passagem de pessoas a estados religiosos de frenesi ou ao transe pode tornar-se objeto de um culto geral por parte do povo. Estes estados psíquicos não foram constantes da vida cotidiana, nem mesmo nessa forma.

O fato empírico, que para nós é importante, de que os homens estão *diversamente qualificados* em sentido religioso, já se encontra nos começos da história da religião. Esse fato foi configurado como dogma de maneira predominantemente racionalista no "particularismo de graça", concretizado pelos calvinistas na doutrina da predestinação. Os valores sagrados mais estimados, as faculdades extáticas e visionárias de xamãs, feiticeiros, ascetas, não eram acessíveis a qualquer um. A possessão dessas capacidades é um "carisma", o qual, obviamente, pode manifestar-se em alguns, mas não em todos. Daqui resulta que toda religiosidade intensiva mostra uma tendência para certa *estratificação por status*, segundo as diversidades nas qualificações carismáticas. A religiosidade "heroica" ou "virtuosa" se opõe a toda religiosidade de massas. Aqui entendemos por "massa" os que são religiosamente "não congruentes"; naturalmente, não aludimos aos situados em uma posição inferior na ordem secular estatutária. Desse modo, os depositários de *status* religioso foram as ligas de feiticeiros e dançarinos sagrados; ou o grupo de *status* religioso dos brâmanes indianos e dos primitivos "ascetas" cristãos, explicitamente reconhecidos como um "estamento" específico dentro da congregação; e também os gnósticos, a *ecclesiola* pietista; todas as seitas autênticas (quer dizer, sociologicamente, todos os agrupamentos que só aceitam pessoas religiosamente qualificadas); e, finalmente, as comunidades monásticas de todo o mundo.

Sendo assim, toda autoridade hierocrática e oficial de uma "igreja", ou seja, de uma comunidade organizada por funcionários e que adota a forma de uma instituição administradora de dons de graça luta especialmente contra qualquer religião virtuosa e contra seu desenvolvimento independente. Pois a igreja, como depositária da graça institucionalizada, procura ordenar a religiosidade das massas e substituir as qualificações religiosas de *status* independentes, próprias dos religiosos virtuosos, por seus próprios valores sagrados, oficialmente monopolizados e mediatizados. Por sua própria índole, quer dizer, conforme a situação de interesses de seus funcionários, a igreja deve ser "democrática", no sentido de tornar possível um acesso geral aos valores sagrados. Isso significa que a Igreja promove uma universalidade da graça e da idoneidade ética daqueles que se colocam diante de sua autoridade institucional. Do ponto de vista sociológico o processo de nivelação é no todo paralelo ao das lutas políticas da burocracia contra os privilégios políticos dos estratos aristocráticos. Assim como a hierocracia, também a burocracia política inteiramente desenvolvida é necessariamente "democrática" em um sentido muito semelhante, a saber, no sentido de nivelar e de lutar contra os privilégios de *status* em luta com seu poder.

Esta luta entre funcionários e virtuosos deu origem aos mais diversos compromissos. Ainda que nem sempre de maneira oficial estes enfrentamentos tiveram lugar pelo menos de maneira dissimulada. Assim, a religiosidade dos ulemás (organismo de sábios muçulmanos) se opôs à religiosidade dos dervixes; os primeiros bispos cristãos se opuseram aos praticantes do pneuma e heroístas sectários, assim como ao poder da Clave do carisma ascético; o ministério luterano e a igreja anglicana e sacerdotal se opuseram ao ascetismo em geral; a igreja nacional russa se opôs às seitas; e a administração oficial do culto confuciano se opôs ao budismo, ao taoismo e a todo tipo de busca sectária de salvação. A fim de conseguir e manter o favor ideal e material das massas, os virtuosos religiosos estavam constrangidos a adaptar suas exigências às possibilidades da religiosidade da *vida diária*. Desde cedo a índole de suas concessões foi de importância fundamental para a determinação do modo pelo qual exercem sua influência religiosa sobre a vida diária. Na maioria das religiões orientais, os virtuosos autorizaram a permanência das massas na tradição mágica. Portanto, a influência dos religiosos virtuosos foi muito menos significativa que naqueles lugares em que a religião assumiu a tarefa de racionalizar ética e universalmente a vida diária. Isso ocorreu até mesmo nos casos em que a religião, não obstante haver-se dirigido às massas, revogou muitas de suas exigências ideais. Prescindindo das conexões entre a religiosidade dos virtuosos e a religião das massas, que por fim resultou desse enfrentamento, a índole particular da religiosidade concreta dos virtuosos exerceu uma influência capital sobre o desenvolvimento do estilo de vida das massas. Como consequência, essa religiosidade virtuosa também foi significativa para a ética econômica da respectiva religião. A religião do virtuoso foi a religião genuinamente "exemplar" e prática. Foram concedidas diversas possibilidades de fundar uma ética racional da vida diária conforme o estilo de vida que sua religião impunha ao virtuoso. Na área da econômica modificou-se a relação entre a religião virtuosa e a vida diária, fundamentalmente em correspondência com a especificidade dos valores sagrados aos quais apontam tais religiões. Toda vez que os valores sagrados e os instrumentos de redenção de uma religião virtuosa assumiram um estilo contemplativo ou orgiástico-extático quebrou-se todo laço entre a religião e a ação prática mundana. Em tais circunstâncias, a economia e qualquer tipo de ação mundana foram consideradas como subalternas e a disposição julgada como valor supremo não gerou nenhum motivo psicológico para a ação mundana. Por sua índole peculiar, as religiões contemplativas e extáticas antes se mostraram especialmente hostis à vida econômica. As experiências místicas, orgiásticas e extáticas, são estados psíquicos excepcionais; afastam-se da vida diária e de todo comportamento expeditivo. Portanto, estas experiências são consideradas "sagradas". Nessas religiões, a vida dos leigos difere-se radicalmente da vida comunitária dos virtuosos. O predomínio dos grupos de *status* constituídos pelos religiosos virtuosos, sobre a comunidade religiosa, gera facilmente uma antropolatria mágica; o virtuoso é adorado diretamente como a um santo, ou pelo menos os leigos compram sua benção e seus poderes mágicos para assim terem êxitos mundanos ou salvação religiosa. O leigo significou para o bhikshu (frade mendicante) budista e jainista o mesmo que o camponês para o proprietário das terras, em última instância, uma mera fonte de rendas tributárias. Esses tributos tornaram possível a completa dedicação do virtuoso à salvação religiosa e à exclusão do trabalho profano, que sempre podia colocá-lo em perigo. O comportamento do leigo era, contudo, sempre suscetível a certa regulamentação ética, pois o virtuoso era seu conselheiro espiritual, seu padre confessor e diretor de sua alma. Portanto, frequentemente o virtuoso exerceu uma notável ascensão sobre os leigos religiosamente "não congruentes"; essa ascensão nem sempre foi exercida segundo a orientação do próprio estilo de vida religioso do virtuoso, podia ser exercida sobre detalhes puramente cerimoniais, ritualistas e convencionais. Pois, em princípio, a ação mundana continuava sendo irrelevante do ponto de vista religioso; e no que concerne ao anseio de alcançar um objetivo religioso a ação apontava precisamente na direção contrária.

Em resumo, o carisma da "mística" pura só está a serviço de si mesmo. O carisma do bruxo autêntico serve aos demais.

Algo bastante diverso ocorreu quando os virtuosos religiosamente qualificados uniram-se em uma seita ascética, dirigida a moldar a vida mundana conforme a vontade de um deus. Claro que antes que isso pudesse ocorrer genuinamente eram necessárias duas condições: primeiramente, o valor sagrado e supremo não deve ser de índole contemplativa; não deve residir em uma união com um ser extramundano, eterno, contrário ao mundo efêmero; nem mesmo em uma união mística apreendida orgiástica ou apaticamente; de maneira extática. Essas formas, com efeito, estão sempre afastadas da vida diária, transcendem o mundo real e afastam-se dele. Em segundo lugar, uma religião de tal tipo deve haver renunciado, na medida do possível, à índole exclusivamente mágica ou sacramental dos *instrumentos* da graça. Pois esses instrumentos sempre descartam a ação mundana, julgando-a, no melhor dos casos, como contendo uma significação religiosa meramente relativa, e conectam a resolução de salvação com o êxito de processos que não possuem um caráter racional cotidiano.

A união de religiosos virtuosos em uma seita ascética ativa realiza, no todo, dois objetivos: o desencantamento do mundo e a obstrução do caminho de salvação mediante uma evasão do mundo. O caminho de salvação deixa de ser uma "evasão contemplativa do mundo" e torna-se um "trabalho neste mundo", ascético e ativo. Deixando, por um lado, as pequenas seitas racionalistas, mundialmente distribuídas, somente as grandes organizações eclesiásticas e sectárias do protestantismo ascetista ocidental alcançou tais objetivos. Isso foi favorecido pelo destino das religiões ocidentais, inteiramente específico e historicamente determinado. Em parte, certa influência proveio do ambiente social, fundamentalmente o meio do estrato que determinou decisivamente a evolução de tal religião. Mas também a natureza especifica do cristianismo exerceu uma influência parcial e igualmente poderosa: o Deus extramundano e a peculiaridade dos instrumentos e caminhos de salvação tal como estão historicamente determinados pela profecia israelita e a doutrina da Torá.

O religioso virtuoso pode encontrar-se no mundo como agente de um Deus, desligado de todo instrumento mágico de salvação. Simultaneamente, é imperativo para o virtuoso "provar-se" perante Deus, evidenciando uma vocação *unicamente* mediante a índole ética de sua conduta mundana. Na prática, isso implica que também deve "provar-se" diante de si mesmo. Por mais que, a partir de uma perspectiva religiosa, o "mundo", como tal, seja menosprezado e repudiado como algo animal e como lugar de pecado, contudo, psicologicamente, continua afirmando-se tanto mais como cenário da atividade, por vontade divina, a qual corresponde à própria "vocação" mundana. Esse ascetismo intra-mundano repudia, efetivamente, o mundo, no sentido de que instaura um menosprezo e um tabu acerca dos valores de dignidade e beleza do formoso entusiasmo e do sonho do poder exclusivamente secular e do orgulho exclusivamente mundano do herói.

Contudo, justamente em razão deste repúdio o ascetismo não se valeu do mundo, como ocorreu com a contemplação; contrariamente, o ascetismo aspirou racionalizar eticamente o mundo conforme os mandamentos divinos. Portanto, preservou sua orientação mundana em um sentido mais específico e total que a franca "afirmação do mundo" de humanidade indivisa característica, por exemplo, do catolicismo leigo e da antiguidade. No ascetismo intramundano é a vida diária o âmbito no qual o homem religiosamente dotado mostra sua graça e seu estado excepcional. Claro que não na vida diária tal como se dá, mas em atividades rotineiras disciplinadas e racionalizadas dentro da vida diária colocadas ao serviço do Senhor. A conduta diária, racionalmente elevada à categoria de vocação, torna-se o âmbito no qual se mostra o próprio estado de graça. As seitas ocidentais de religiosos virtuosos estimularam a racionalização disciplinatória do comportamento, inclusive do comportamento econômico; mas não proporcionou subterfúgios que permitissem fugir do trabalho absurdo deste mundo, como ocorreu com as comunidades de extáticos asiáticos: sejam elas contemplativas, orgiásticas ou apáticas.

Entre os extremos da profecia "exemplar" e a "emissária" dão-se as mais variadas transições e combinações. Nem as religiões nem os homens são totalmente translúcidos. São antes construções históricas e não construções lógicas, ou até psicológicas, carentes de contradição. No campo religioso, a "não contradição" foi a exceção e não a regra. Também as formas e instrumentos de salvação são psicologicamente equívocos. A busca de Deus pelo monge cristão primitivo, assim como a do quáquer, encerram de maneira enérgica elementos contemplativos. Todavia, viram-se repetidamente compelidos a entrar em ação, em razão do conteúdo total de suas religiões e, fundamentalmente, de seu Deus de criação extramundano e sua maneira de consolidar seus estados de graça. Por outro lado, também o monge budista foi ativo, mas suas atividades se apartaram de toda racionalização coerente neste mundo; sua busca de salvação teve por meta a evasão do "ciclo" de reencarnações. Os sectários e outras irmandades da Idade Média ocidental iniciaram a propagação religiosa na vida diária e tiveram sua contraposição análoga nas irmandades islâmicas ainda mais expandidas. Os estratos característicos que constituíram essas irmandades foram similares no Ocidente e no Islã: pequeno-burgueses, e, sobretudo, artesãos. Não obstante, o espírito de suas respectivas religiões foi bastante diverso. Do ponto de vista externo, muitas comunidades religiosas hinduístas parecem ser "seitas" semelhantes às do Ocidente. Contudo, os valores sagrados e a técnica de acesso a esses valores orientavam-se em sentidos radicalmente diferentes.

Não acrescentaremos mais exemplos aqui, pois nosso objetivo é tratar das grandes religiões em separado. De nenhum ponto de vista é possível limitar-se a reduzir o conjunto das grandes religiões a uma sucessão de tipos, na qual cada uma simboliza uma nova "etapa". Todas as grandes religiões são individualidades históricas de índole extremadamente complicada; consideradas em conjunto só realizam um pequeno número das prováveis combinações cuja estruturação, a partir dos múltiplos fatores individuais que devem ter-se em mente em semelhantes combinações históricas, torna-se impensável.

Por conseguinte, as exposições que ofereceremos em seguida de maneira nenhuma devem ser consideradas como uma "tipologia" metódica da religião. Também não devem ser consideradas como um trabalho exclusivamente histórico. São "tipológicas" do ponto de vista de que consideram o que, dentro da realização histórica das éticas religiosas, constitui o que é tipicamente relevante. Isso importa para a relação existente entre as religiões e as grandes diferenças que há entre as diversas mentalidades econômicas. Prescindiremos de outros aspectos. Aqui não tratamos de proporcionar um panorama completo das grandes religiões. Devemos enfatizar as marcas características das religiões individuais, comparadas com as demais, mas que por sua vez nos importam para nosso propósito.

Um exame que prescindisse destas particularidades importantes com frequência diminuiria a significação de certos aspectos específicos, de interesse para nós. Um exame equitativo desse tipo teria que agregar outros enfoques, e por fim teria que destacar o fato de que, obviamente e em última instância, todas as diferenças qualitativas da realidade podem ser consideradas de algum modo como diferenças quantitativas na conexão de fatores individuais. Não obstante, seria bastante estéril destacar e reiterar aqui o que já é evidente de per si.

Os aspectos das religiões que são significativos para a ética econômica são importantes para nós fundamentalmente de um determinado ponto de vista: estamos interessados em seu modo de relação com o racionalismo econômico. Preferentemente, aludiremos ao tipo de racionalismo econômico que, desde os séculos XVI e XVII, foi predominante no Ocidente, como elemento da específica racionalização da vida cívica, que se tornou familiar nessa região do mundo.

Previamente temos que recordar que a expressão "racionalismo" pode significar coisas muito diferentes. Significa uma coisa quando consideramos o tipo de racionalização com a qual um pensador sistemático elabora a imagem do mundo: um progressivo domínio teórico da realidade através de conceitos cada vez mais abstratos e precisos. Racionalismo significa outra coisa quando consideramos a realização metódica de um fim prático e rigorosamente determinado por meio de um cálculo cada vez mais refinado dos meios apropriados. Esses tipos de racionalismo são muito diversos, ainda que, em última instância, ambos possuam uma determinação única. Até mesmo no seio do conhecimento intelectual da realidade é possível praticar uma distinção análoga; por exemplo, as diferenças que existem entre a física inglesa e a física continental se assemelharam com uma diferença desta índole no conhecimento da realidade. A racionalização do comportamento de vida que aqui consideramos pode manifestar-se em formas muito diversas.

Quanto à carência de toda metafísica, e de quase todo sedimento religioso, o confucionismo é um racionalismo à medida que apresenta-se como o limite extremo do que podemos chamar ética "religiosa". Por sua vez, quanto à ausência de, e menosprezo por, todo ordenamento não utilitário o confucionismo é mais racionalista e mais moderado que qualquer outro sistema ético com a eventual exceção do de J. Bentham. Não obstante, apesar de certas analogias de fundo, e superficiais, o confucionismo diferencia-se extremamente do racionalismo de Bentham, assim como de toda forma de racionalismo prático ocidental. O ideal artístico supremo do Renascimento foi "racional", quanto à crença na existência de um "cânon" válido, e também o foi sua concepção da vida quanto a não aceitar condicionamentos e a confiar na capacidade da *ratio naturalis*. Essa forma de racionalismo predominou apesar de certos componentes de misticismo platonizante.

"Racional" também pode ter o significado de um "planejamento metódico". E, assim, são racionais esses métodos: métodos de ascetismo mortificante ou mágico, de contemplação em suas formas mais coerentes, por exemplo, a ioga; ou, o manejo das máquinas de orações do budismo atualizado.

De maneira geral, são "racionais" todas as formas de ética prática, sistemática e definitivamente orientada para fins precisos de salvação, em parte, em igual significado em que é racional o método formal e, em parte, à medida que distingue-se entre preceitos "válidos" e o que se apresenta como dado empírico. Essas formas de processos de racionalização são pertinentes para nós nas presentes considerações. Mas não se trata aqui de avançar a tipologia dessas considerações, já que seu propósito é contribuir para tal tipologia. Para consegui-lo, o autor deve tomar a liberdade de não ser "histórico", pois queremos dizer que as éticas das religiões individuais são expostas de modo sistemático e, em essência, com maior coerência do que manifestaram em seu desenvolvimento real. Devemos prescindir de diferenças complexas que se deram entre religiões individuais e também de evoluções e conexões incipientes; e, frequentemente, os sinais significativos para o autor devem ser apresentados com uma consistência lógica maior e um desenvolvimento histórico menor que os que existiram na realidade. Feita com capricho, esta simplificação resultaria em uma "falsificação" histórica. Não obstante, não é este o caso, pelo menos não deliberadamente. Temos ressaltado aqui os traços da perspectiva total de uma religião que foram essenciais para a elaboração do modo de vida *prático*, e também os que distinguem uma religião de outra.

Finalmente, antes de entrar na questão, anteciparemos algumas minúcias destinadas a esclarecer as peculiaridades terminológicas que aparecem com frequência em nossas considerações.

Ao atingir seu pleno desenvolvimento as comunidades e agrupamentos religiosos correspondem a uma forma de autoridade corporativa. Trata-se de agrupamentos "hierocráticos", isto é, seu poder diretor está baseado em seu monopólio da cessão ou negação de valores sagrados.

Os poderes dominantes, em sua totalidade, quer se trate de poderes profanos ou religiosos, políticos e apolíticos, podem ser concebidos como variações de, ou aproximações a, determinados tipos puros. Esses tipos são estabelecidos mediante um exame das bases da *legitimidade* que reivindica o poder dominante. Os atuais "agrupamentos" modernos, particularmente os políticos, são do tipo de autoridade "legal"; ou seja, a legitimidade do depositário do poder para dar diretivas funda-se em preceitos racionalmente estabelecidos por promulgação, convenção ou imposição. E a legitimação para estabelecer estes preceitos funda-se em uma "constituição" racionalmente ditada ou interpretada.

As ordens são emitidas em nome da norma impessoal e não em nome de uma autoridade pessoal; e mesmo a formulação caprichosa de uma ordem apresenta-se como sujeição a uma norma, e não como arbítrio, favor ou privilégio pessoal.

O depositário do poder de mando é o "funcionário"; ele jamais exerce esse poder por direito próprio; ele lhe pertence na medida em que é o administrador da "instituição" impessoal. Essa instituição está constituída pelos modelos de vida específicos de uma pluralidade, determinada ou indeterminada, de pessoas, mas especificada segundo normas. Aqui o modelo, de vida particular está regido normativamente por regulamentações estatutárias.

A "área de jurisdição" é o domínio onde as ordens são dadas dentro de uma delimitação funcional, e constitui, em consequência, a esfera do poder legítimo do funcionário. O cidadão ou membro do agrupamento encontra-se frente a uma hierarquia de superiores, à qual os funcionários podem apelar e apresentar queixas conforme a escala hierárquica. Nos dias de hoje, essa situação se dá também no interior da associação hierocrática que constitui a igreja. O pastor ou o sacerdote tem uma "Jurisdição" bem delimitada, estabelecida segundo normas. Isto também se aplica ao chefe supremo da igreja. O atual conceito de "infalibilidade" (papal) é um conceito Jurisdicional. Seu sentido interno diferencia-se dos anteriores, mesmo dos tempos de Inocêncio III.

Assim como nas burocracias políticas e de outra índole a separação entre o "âmbito privado" e o "âmbito oficial" (no caso da infalibilidade: a definição ex *cathedra*) também opera no seio da Igreja. A separação legal do funcionário dos meios administrativos é produzida na área dos agrupamentos políticos e hierocráticos, assim como na economia capitalista acontece a separação do trabalhador dos meios de produção, há uma completa semelhança entre ambas as estruturas.

É preciso insistir que todos estes fenômenos são especificamente modernos, ainda que muitos vislumbres dos mesmos possam ser encontrados num passado remoto. No passado havia outras bases de autoridade, bases que, por outro lado, perduram como reminiscências na atualidade. Aqui procuramos apenas uma definição terminológica dessas bases de autoridade.

1. Nas considerações ulteriores, o termo "carisma" será entendido como referência a uma qualidade *extraordinária* de uma pessoa, prescindindo de que seja real, presumida ou suposta. Desse modo, a "autoridade carismática" aludirá a um poder sobre os homens, quer seja primordialmente interno ou externo, ao qual se subordinam os governados em virtude de sua fé na qualidade excepcional da *pessoa* específica. O bruxo feiticeiro, o profeta, o chefe de incursões de caça e de saque, o chefe guerreiro, o denominado governante "cesarista" e, em determinadas circunstâncias, o líder pessoal de um partido, todos eles são dirigentes deste tipo com respeito a seus discípulos, cúmplices, tropas alistadas, partidos, etc.

A legitimidade de sua autoridade funda-se na fé e na devoção pelo extraordinário, estimado na medida em que ultrapassa as qualidades humanas normais, e considerado originariamente como sobrenatural. A legitimidade do poder carismático funda-se, consequentemente, na fé em faculdades mágicas, revelações e culto ao herói. O alimento dessa fé é a "demonstração" da qualidade carismática por meio de milagres, triunfos e outras façanhas, ou seja, mediante o bem-estar dos governados. Por conseguinte, esta fé, e a presumida autoridade que se funda nela, desaparecem ou ameaçam desaparecer, enquanto falta uma "demonstração" e enquanto a pessoa carismaticamente qualificada parece ter ficado despojada de seu poder mágico ou abandonada por seu deus. O poder carismático não se configura segundo preceitos gerais, quer racionais quer tradicionais, mas, em princípio, segundo revelações e inspirações concretas e, de acordo com essa pauta, a autoridade carismática é "irracional". Também é "revolucionaria" na medida em que não está ligada à ordem existente: "Está escrito, mas eu vos digo..."

2. Na exposição que se seguirá, o "tradicionalismo" aludirá ao conjunto de atitudes psíquicas ajustadas à vida cotidiana habitual e à fé na rotina diária como padrão de conduta inviolável. A dominação que se estabelece sobre essa base, quer dizer, sobre a veneração pelo que real ou supostamente sempre existiu será chamada "autoridade tradicionalista". O patriarcalismo é o exemplo mais notório do tipo de doação com uma legitimidade fundada na tradição. Patriarcalismo referia-se à autoridade do pai, do esposo, do mais velho da casa, do mais velho da estirpe, sobre os membros do lugar e da estirpe; o domínio do amo e do patrão sobre os empregados e servos; do senhor sobre os funcionários de seu território; do monarca sobre os funcionários estatais e tribunais, nobres de ofício, vassalos, clientes; do senhor patrimonial e monarca soberano sobre os "súditos".

A característica da autoridade patriarcal e da patrimonial (que é uma variante da anterior) é que o conjunto de pautas invioláveis seja julgado sagrado; uma transgressão destas pautas provocaria desgraças mágicas ou religiosas. Justaposto a este conjunto há um reino de livre arbitrariedade e favor do senhor, o qual, em princípio, só decide em termos de relações "pessoais" e não "funcionais". O poder tradicionalista, nesse sentido, é irracional.

3. No curso de toda a história primitiva, a autoridade carismática, fundada em uma fé e no sacrossanto ou no valor do extraordinário, e a dominação tradicionalista (patriarcal), fundada em uma fé na santidade das rotinas cotidianas, foram distribuídas nas relações de autoridade mais importantes. Só os possuidores do carisma, os profetas com seus oráculos ou os chefes guerreiros carismáticos com seus editos, podiam acrescentar "novas" disposições ao âmbito do mantido pela tradição. Assim como a revelação e a espada foram os poderes excepcionais, assim também constituíram os dois inovadores característicos. Contudo, de modo típico, uma vez realizada sua missão, ambos sucumbiriam à rotinização.

A morte do profeta ou do chefe guerreiro apresenta o problema da sucessão. Tal problema pode ser solucionado por *Kürung*, que em suas origens não foi uma "eleição", mas uma seleção segundo pautas de qualificação carismática; ou pode ser solucionado pela sacramentalização do carisma, nomeando-se o sucessor por consagração, como no caso da sucessão hierocrática ou apostólica; da mesma forma, a fé no atributo carismático da linhagem do chefe carismático pode levar a uma fé no carisma hereditário, tal como está representado pela realeza e a hierocracia hereditárias.

Por meio dessas rotinizações, sempre começam a predominar *normas*, de uma maneira ou de outra. O hierócrata ou o monarca já não governam segundo qualidades puramente pessoais, mas segundo atributos adquiridos ou herdados, ou porque foram legitimados por meio de um ato de seleção carismática. Assim começa o processo de rotinização e, consequentemente, de tradicionalização. Talvez seja ainda mais relevante o fato de que, quando a estrutura de poder se faz permanente, o pessoal subordinado ao governante carismático rotiniza-se. Os discípulos, apóstolos, sequazes do governante, tornam-se sacerdotes, vassalos feudais e, sobretudo, funcionários. A comunidade carismática primitiva vivia de doações, dádivas e do saque de guerra e, deste modo, tornava-se alheia à ordem econômica. Essa comunidade converteu-se em um estrato de assistentes do governante e passou a depender disso para sua subsistência, por meio do usufruto de terras, retribuições, rendas em espécies, soldos e, por conseguinte, por meio de benefícios. O poder legítimo do pessoal baseava-se em graus muito diversos de apropriação, enfeudação, outorgação e nomeação. Isto implicou, em geral, na adjudicação de um caráter patrimonial às prerrogativas principescas. O patrimonialismo, pode derivar-se também do patriarcalismo puro, devido à dissolução da autoridade rigorosa do chefe patriarcal. Por consequência da outorgação, o beneficiário e o vassalo desfrutaram, em geral, de um *direito* pessoal ao cargo que lhes havia sido concedido.

Assim como o artesão possuía os meios econômicos de produção, assim o beneficiário possuía os meios administrativos. Era preciso pagar com seus honorários ou outras rendas os gastos administrativos, ou cedia ao soberano apenas uma parte dos impostos coletados entre os súditos, ficando com o restante. Em última instância, podia legar e transferir seu cargo, como qualquer outra possessão. Aqui o patrimonialismo de *status* alude a esse nível de desenvolvimento que, por apropriação, adquire o poder prerrogativo, prescindindo de que seus começos sejam carismáticos ou patriarcais.

Não obstante, o desenvolvimento muito poucas vezes deteve-se neste ponto. Sempre é possível encontrar-se uma *luta* entre o monarca político ou hierocrático e os possuidores ou usurpadores de prerrogativas, das que se apoderaram como grupos de *status*. O monarca procura expropriar a hierarquia e esta procura expropriar o monarca. Essa luta será inclinada para o lado do monarca, na medida em que este tenha êxito no recrutamento de um corpo de funcionários que dependa exclusivamente dele e cujos interesses estejam ligados aos seus, nesse caso, a hierarquia privilegiada será vista, simultaneamente, cada vez mais expropriada. Para isso o monarca adquire meios próprios de administração e os sujeita firmemente em suas próprias mãos. Deste modo, no Ocidente, temos governantes políticos e, paulatinamente, desde Inocêncio II até João XXII, também governantes hierocráticos contando com finanças próprias, assim como dirigentes seculares dotados de depósitos e arsenais próprios com que prover ao exército e aos funcionários.

No curso da história, foi muito diverso o *caráter* do estrato de funcionários a que apelou o governante em sua luta pela expropriação das prerrogativas de *status*. Na Ásia, e no Ocidente durante a Baixa

Idade Média, este esteve constituído caracteristicamente por clérigos; no Principado romano, os escravos libertos foram característicos até certo ponto; os literatos humanistas foram característicos na China; e, por último, no Ocidente moderno, foram característicos os juristas, como membros dos agrupamentos eclesiásticos e também dos políticos.

Em qualquer lugar, o predomínio do poder principesco e a expropriação de prerrogativas particulares implicaram ao menos a possibilidade, e com frequência a introdução prática, de uma administração racional. Contudo, esta racionalização foi muito diversa acerca de seu alcance e significado. Há que se distinguir, acima de tudo, entre a racionalização substantiva da administração e da magistratura por um monarca patrimonial e a racionalização formal realizada por juristas experientes. O primeiro concede a seus súditos favores éticos utilitários e sociais, assim como os concede o patrão de uma grande casa aos que estão incorporados à mesma. Os juristas experientes realizaram o domínio de leis gerais válidas para todos os "cidadãos do Estado". Por mais intercambiáveis que fossem as diferenças, por exemplo, na Babilônia ou Bizâncio, na Sicília dos Hohenstaufen, na Inglaterra dos Stwards ou na França dos Borbons no fundo manteve-se a diferença entre racionalidade substantiva e formal. E, basicamente, a instauração do "Estado" ocidental moderno, e também das "igrejas" ocidentais, foi obra de juristas. Não nos ocuparemos aqui das fontes de seu poder, nem tampouco das ideias substantivas e da técnica utilizada nessa tarefa.

A vitória, no Ocidente, do racionalismo jurídico *formalista* determinou a aparição da dominação de tipo legal, que veio se somar às diversas classes de dominação transmitida. O governo burocrático não foi e nem é a única manifestação de autoridade legal; constitui, contudo, sua forma mais pura. O moderno funcionário estatal e municipal, o moderno sacerdote e capelão católicos, os funcionários e empregados dos Bancos modernos e das grandes empresas capitalistas exemplificam os tipos mais relevantes dessa estrutura de dominação.

O seguinte traço deve ser julgado definitivo para nosso vocabulário: na autoridade legal a submissão não se apoia na fé e devoção por pessoas dotadas de carisma, como os heróis ou os profetas, nem na tradição sagrada, nem no respeito a um soberano e líder pessoal definido por uma tradição ordenada, nem no respeito aos prováveis usufrutos de cargos feudais e prebendários, cujo direito legitimam privilégios e concessões.

A sujeição a uma autoridade legal apoia-se, preferentemente, em um laço *impessoal* com a "obrigação de cargo" funcional e delimitada com generalidade. A obrigação oficial – tanto como o paralelo de direito a exercer autoridade: a "competência jurisdicional" – está prescrita por normas implantadas racionalmente, mediante estatutos, decretos e ordenamentos, de maneira que a legitimidade da autoridade se converte em legalidade da regra universal, regra que é preparada, promulgada e publicada com uma pureza formal intencional.

As diferenças esboçadas entre os tipos de autoridade são correlativas a todos os pormenores de sua estrutura social e de sua significação econômica. Em que medida as diferenciações e o vocabulário que utilizamos são adequados só será possível evidenciar-se mediante uma exposição sistemática. No momento, nos limitaremos a mostrar o fato de que ao considerar o assunto dessa maneira não pretendemos adotar o único ponto de vista possível nem pretendemos que as estruturas empíricas de dominação, em seu conjunto, devam responder a alguns destes tipos "puros". Ao contrário, a maior parte dos casos empíricos mostra uma mescla ou um estado de transição entre vários destes tipos puros. Com frequência deveremos formar expressões tais como "burocracia patrimonial", com o objetivo de destacar que as marcas características do fenômeno em questão correspondem parcialmente à forma racional de dominação, enquanto que outras marcas correspondem à forma tradicionalista de dominação, neste caso, a dos feudos. Também distinguimos formas absolutamente importantes, universalmente propagadas no curso da história, como a estrutura feudal de dominação. Não obstante, aspectos relevantes destas estruturas não são facilmente classificáveis sob nenhuma das três formas que assinalamos. Unicamente podem ser interpretadas como combinações nas quais se introduzem vários conceitos, neste caso os conceitos de "grupo de *status*" e "honra de *status*". Também são formas que devem ser interpretadas, parcialmente, em termos de princípios que não são de "dominação" e, parcialmente, em termos de matizes peculiares do conceito de carisma. Exemplos disso são os funcionários da democracia *pura* com rotatividade de cargos honoríficos e formas semelhantes, por um lado, e a dominação plebiscitária, por outro, ou certos tipos de governos de notáveis que configuram formas particulares de dominação tradicional. Essas formas, porém, são contadas, por certo, entre os estímulos mais significativos para o surgimento do racionalismo político. A terminologia que apresentamos aqui não tem a intenção de reduzir a esquemas a infinita e polifacética realidade histórica, mas somente forjar conceitos úteis para finalidades específicas, e na forma de orientação.

Essas mesmas considerações valem sobre uma última distinção terminológica. Por situação de "*status*" entendemos a probabilidade de que a certos grupos sociais seja concedida uma *honra* social positiva ou negativa. As possibilidades de adquirir honra social estão determinadas predominantemente por diferenças nos estilos de vida destes grupos e, por conseguinte e acima de tudo, por diferenças de educação. Em consideração à precedente terminologia de formas de autoridade, podemos dizer que em muitos casos, e de modo característico, a honra social está unida de maneira acessória à reivindicação, legalmente monopolizada e assegurada, de direitos soberanos ou oportunidades de rendas e benefícios de um tipo definido, por parte do respectivo estrato. Assim, apresentam-se todos estes traços que, certamente, nem sempre acontece de um "grupo de *status*" ser um grupo societalizado por meio de seu estilo de vida específico, suas noções de honra convencionais e as ocasiões econômicas que legalmente monopoliza. Um grupo de *status* sempre está societalizado de uma ou outra forma, ainda que nem sempre esteja organizado em uma associação. O *commercium*, no sentido de "relação social", e o *connubium* entre grupos são traços característicos da mútua estima entre os que desfrutam do mesmo *status*; e sua ausência denota diferenças de *status*.

Por outro lado, entenderemos por "situação de classe" as oportunidades de conseguir sustento e rendas, condicionadas fundamentalmente por situações características, *economicamente* significativas; determinado tipo de propriedade ou a capacidade adquirida na realização de serviços para os que há demanda, torna-se essencial para as oportunidades de renda a "situação de classe" que também abarca as correspondentes condições de vida, gerais e típicas; por exemplo, a necessidade de adaptar-se à disciplina da fábrica de um proprietário capitalista.

É possível que uma "situação de *status*" seja causa, ou consequência, de uma "situação de classe", mas não é necessário que deva ser uma ou outra. Por sua vez, as situações de classe podem estar determinadas de maneira predominante pelo mercado de trabalho e de mercadoria. Hoje em dia, os casos característicos e específicos de situação de classe são os que estão determinados pelo mercado. Mas isso não ocorre necessariamente; as situações de classe do proprietário de terras e o pequeno agricultor podem depender apenas de um modo ínfimo das relações de mercado. Em suas distintas situações, as diversas categorias de "rentistas" dependem do mercado em sentido e dimensão muito diversos, segundo tirem suas rendas como proprietário de terras, proprietários de escravos ou titulares de propriedades ou hipotecas.

Por conseguinte, é necessário diferenciar entre "classes proprietárias" e "classes de renda" predominantemente condicionadas pelo mercado. A sociedade atual está estratificada primordialmente em classes e, de modo fundamental, em classes de receitas. Mas o prestígio peculiar de *status* dos grupos "educados" de nossa sociedade a impregna de um traço muito palpável de estratificação por *status*. Os monopólios econômicos e as oportunidades sociais preferenciais para os que possuem títulos manifestam esse fator de *status* do modo mais ostensivo.

No passado, foi muito mais decisiva a relevância da estratificação por *status*, sobretudo em relação à estrutura econômica das sociedades, e isto é assim, pois, por um lado, a estratificação por *status* atua sobre a estrutura econômica por meio de barreiras ou controles de consumo e através de monopólios de *status*, irracionais segundo a perspectiva da racionalidade econômica e, por outro lado, a estratificação por *status* atua de maneira muito acentuada sobre a economia por meio da importância que restabelecem as convenções de *status* dos respectivos estratos dominantes, que são os que fornecem a norma a seguir. Essas convenções podem manifestar-se como formas ritualistas estereotipadas, circunstância que se verificou de modo predominante na estratificação por *status* na Ásia.

Capítulo II

TIPOLOGIA DA RENÚNCIA RELIGIOSA AO MUNDO

1.
Negação religiosa do mundo. Seus motivos e o sentido de sua estruturação racional

Propomo-nos um breve esclarecimento, esquemático e teórico dos motivos que deram lugar às éticas religiosas de negação do mundo e também das perspectivas que determinaram sua orientação. Assim poderemos identificar seu possível "sentido".

Naturalmente, o esquema assim constituído propõe apenas oferecer um meio característico de orientação ideal. Não se trata de difundir uma filosofia própria. A construção teórica de tipos de "estilos de vida" em conflito só propõe provar que, em certas ocasiões, alguns conflitos internos são possíveis e "apropriados". Também não se trata de provar que não há pontos de vista pelos quais possam considerar-se solucionados os conflitos em uma síntese mais alta. É de fácil observação que as esferas individuais de valor foram dispostas com uma coerência racional que só excepcionalmente existe na realidade. Mas é possível que assim manifestem-se na realidade e sob formas históricas significativas, e assim o fizeram. Essas construções abrem o caminho para a localização tipológica de um fenômeno histórico. Tornam observável a distância entre os fenômenos e nossas construções tanto no particular como no geral e, por conseguinte, tornam determinável a aproximação entre o fenômeno histórico e o tipo teoricamente construído. Nesse sentido, a construção tem a função de uma função técnica que permite um esclarecimento e instrumentação mais penetrantes. Não obstante, em certas condições, uma construção tipológica pode ampliar seu sentido. Com efeito, a racionalidade, como "coerência" lógica ou teleológica, de um ponto de vista teórico-intelectual ou ético-prático tem, e sempre teve, poder sobre o homem, por mais restringido e irresoluto que este tenha sido, e sempre entrou em conflito com outros poderes da vida histórica.

As interpretações religiosas do mundo e as éticas das religiões elaboradas por mais intelectuais e tidas por racionais veem-se submetidas ao princípio da coerência. Na totalidade das éticas religiosas é determinável o domínio da *ratio*, particularmente o de uma inferência teológica de premissas práticas. Isso ocorreu, inclusive, se nos casos individuais foi excepcional a adequação às exigências de coerência das interpretações religiosas do mundo, e ainda que tenham incluído em suas premissas práticas considerações não inferíveis de um modo racional. Assim, temos motivos poderosos para esperar que a utilização de uma tipologia racional construída expeditivamente haverá de facilitar o exame de um tema muito complexo. Para esse propósito daremos relevância aos modos de comportamento prático internamente mais coerentes, que podem ser inferidos a partir de postulados estáveis e dados.

O ensaio de sociologia da religião que aqui procuramos fazer propõe-se, basicamente, como uma contribuição à tipologia e sociologia do racionalismo. Por essa razão nosso ponto de partida residirá nas formas mais racionais que a realidade pode adotar; trataremos de identificar a medida na qual se inferem certas conclusões racionais passíveis de uma fundamentação teórica. E descobriremos, provavelmente, a causa de porque isso não foi possível.

1. Ascetismo e misticismo

Destacamos, no capítulo anterior, a importância decisiva que teve a ideia de um Deus criador supramundano para a ética religiosa. Essa concepção tem uma significação particular para a orientação ativa e ascética da busca de salvação. Teve uma significação menor a respeito da busca contemplativa e mística; tem uma afinidade interna com a despersonalização e imanência do poder da divindade. Contudo, essa estreita relação, perfeitamente enfatizada por E. Troeltsch, entre a concepção de um Deus supramundano e o ascetismo ativo não é total o Deus supramundano, como se inferirá das considerações seguintes, não condicionou a direção tomada pelo ascetismo ocidental; a Trindade cristã, com seu Salvador encarnado e seus santos, foi uma concepção de Deus basicamente menos supramundana que o do Deus do judaísmo ou do Alah do islamismo.

O judaísmo deu lugar a um misticismo, mas não a um ascetismo do tipo ocidental. O islamismo primitivo, por outro lado, rejeitava diretamente o ascetismo. O caráter específico da religiosidade dervixe deriva de fontes sem afinidade com a concepção de um Deus e criador supramundano. Deriva-se de fontes místicas, extáticas, e em sua índole própria está muito longe do ascetismo ocidental. Obviamente, apesar de sua analogia com a profecia emissária e o ascetismo ativo, a concepção de um Deus supramundano, ainda que significativa, nunca atuou só, mas sempre vinculada com outros fatores. Entre eles é preciso destacar a peculiaridade das promessas religiosas e os caminhos de salvação condicionados por estas. É preciso examinar esta questão em conexão de casos particulares. Usamos reiteradamente, como conceitos contrapostos, os termos "ascetismo" e "misticismo". Para elucidar esta terminologia, nos aprofundaremos no sentido diferencial destas expressões.

No capítulo anterior nos opusemos, como renúncias ao mundo, por um lado, o ascetismo ativo que é uma ação por vontade de Deus dos fiéis, os quais são instrumentos de Deus e, por outro, a *possessão* contemplativa do sagrado, tal como se dá no misticismo. O misticismo tende a um estado de "possessão", não de ação, e o indivíduo não é um instrumento, mas um "receptáculo" do divino. Desse modo, a ação mundana tem que manifestar-se como um perigo para o transe religioso totalmente irracional e ultraterreno. O ascetismo ativo funciona no interior do mundo, ao afirmar seu poder sobre o mundo, o ascetismo racionalmente ativo tenta dominar o que é animal e perverso por meio do trabalho em uma "vocação" mundana (ascetismo intramundano). Esse ascetismo opõe-se basicamente ao misticismo, enquanto este torna-se em uma fuga completa do mundo (fuga contemplativa do mundo). Não obstante, essa oposição mitiga-se se o ascetismo se limita a dominar e ultrapassar a crueldade animal na própria personalidade do asceta. Nessa medida cinge-se das realizações redentoras ativas, e solidamente instauradas pela vontade divina, até chegar a evitar toda ação no mundo (fuga ascética do mundo). Desse modo, em seus efeitos externos, o ascetismo ativo assemelha-se à fuga mística do mundo.

Também mitiga-se a oposição entre ascetismo e misticismo nos casos em que o místico contemplativo não se torna uma fuga do mundo, mas mantém-se dentro das possibilidades mundanas, de um modo semelhante ao do asceta intramundano (misticismo intramundano).

Tanto no ascetismo como no misticismo pode desaparecer, na prática, a oposição, e pode-se dar uma complementação entre ambas as formas na busca de salvação. Mas a oposição pode manter-se inclusive sob a aparência de uma semelhança externa. Para o místico genuíno continua sendo vigente o princípio: a criatura deve manter-se silenciosa a fim de permitir que Deus fale.

"Encontra-se" no mundo e se "adapta" externamente a seus preceitos, mas só a fim de ter certeza de seu estado de graça frente ao mundo, reprimindo o impulso de considerar seriamente as manifestações daquele. Como pode perceber-se no caso de Lao-tsé a atitude característica do místico consiste em uma humildade deliberadamente rígida, uma desvalorização da ação, algo assim como uma existência religiosa desconhecida dentro do mundo. O ascetismo intramundano, por outro lado, verifica-se *mediante* a ação. O asceta intramundano julga o comportamento do místico como um ocioso gozo do ego; o comportamento ascético (ativamente intramundano) significa, para o místico, um enredar-se nas manifestações profanas do mundo, complementado com um farisaismo complacente. Dotado desta "bendita beatice" que costuma atribuir-se ao clássico puritano, o ascetismo intramundano realiza decisões positivas e divinas cujo significado último permanece oculto; essas decisões são efetivadas tal como aparecem manifestadas nas prescrições racionais divinamente ordenadas do criado. Para o místico, por outro lado, o realmente relevante para sua salvação é a compreensão, mediante a experiência mística, do significado último e inteiramente irracional. Também podem ser objeto de comparações semelhantes as maneiras em que ditos tipos de comportamento efetivam uma fuga do mundo.

2. Modos da renúncia ao mundo

Examinaremos agora em detalhe as tensões existentes entre a religião e o mundo. Tomaremos como base as considerações formuladas no capítulo anterior, ainda que dando-lhes um matiz ligeiramente diferente.

Dissemos que, uma vez convertidas em estilos de vida sistemáticos, essas formas de conduta constituíram o elemento central, tanto do ascetismo como do misticismo e que sua origem tem que ser buscada em princípios mágicos. Participava-se em práticas mágicas para fomentar disposições carismáticas ou para evitar maus encantamentos. Certamente, o primeiro caso foi o de maior relevância para os processos históricos.

O ascetismo, efetivamente, manifestou seu duplo aspecto desde os começos de sua aparição: por um lado, renúncia ao mundo e, por outro, domínio do mundo mediante os poderes mágicos resultantes da renuncia. O bruxo foi o antecessor histórico do profeta, tanto do profeta exemplar como do profeta emissário e salvador. Geralmente, o profeta e o salvador tem-se legitimado mediante a posse de um carisma mágico. Não obstante, para eles, esse não foi um instrumento de consolidação do reconhecimento da significação exemplar, a missão ou a qualidade redentora de suas personalidades, assim como o meio de recrutamento dos adeptos. Pois o essencial do mandamento da profecia ou do salvador consiste na apologia de um estilo de vida para a obtenção de um valor sagrado. Assim entendidos, a profecia ou o mandamento implicam, ao menos relativamente, uma sistematização e racionalização do estilo de vida, seja em aspectos particulares ou em seu conjunto. Esse último ocorre regularmente em todas as genuínas religiões de "salvação", ou seja, em todas as religiões que oferecem a seus membros uma liberação do sofrimento. Existem mais possibilidades de que isso ocorra quanto mais sublimada, mais íntima e mais plena de princípios for a concepção da essência do sofrimento, pois então é necessário colocar o adepto em um estado permanente que o imunize interiormente contra o sofrimento. Abstratamente enunciado, o objetivo racional da religião de salvação consiste em assegurar um estado sagrado para os salvos e, com isso, um hábito que assegure a salvação. Esse hábito substitui um estado agudo e excepcional, e consequentemente sagrado, ao qual se chega momentaneamente por meio de orgias, ascetismo ou contemplação.

Sendo assim, quando uma comunidade religiosa é constituída a partir de uma profecia ou do anúncio de um salvador, a regulamentação da conduta normal está, primeiramente, nas mãos dos sucessores, alunos, discípulos do profeta ou do salvador, carismaticamente qualificados. Posteriormente, e em circunstâncias que se reproduzem regularmente e das quais não nos ocuparemos aqui, essa tarefa passa às mãos de uma hierocracia sacerdotal, hereditária ou oficial. Mas normalmente o profeta ou o salvador opõe-se pessoalmente ao poder hierocrático tradicional dos bruxos ou dos sacerdotes. A fim de debilitar o poder destes ou de constrangê-los ao serviço e contrapõe seu carisma pessoal à dignidade daqueles, consagrada pela tradição.

No capítulo anterior foi suposto que uma grande parte – e uma parte especialmente relevante para o desenvolvimento histórico – de todos os casos de religiões proféticas e de salvação havia vivido em estado de tensão, não só agudo, mas também permanente, a respeito do mundo e seus preceitos. Isso é óbvio conforme o que temos explicitado até aqui. Essa tensão aumentou na medida em que trata de genuínas religiões de salvação. Isso é assim em razão do significado da salvação e da essência das doutrinas proféticas enquanto tornam-se uma ética. A tensão também foi acrescentada quanto mais racional manifestou-se a ética em seus princípios e quanto mais dirigiu-se a valores sagrados internos como instrumentos de salvação. Em termos comuns isto significa que a tensão foi acrescentada ao aumentar a sublimação da religião acerca do ritualismo e ao aproximar-se de um "absolutismo religioso". Na prática, o aumento da tensão por parte da religião foi proporcional ao desenvolvimento da racionalização e sublimação da possessão externa ou interna de "coisas mundanas" e no mais amplo sentido. Nesse caso, efetivamente, a racionalização e a sublimação consciente das relações humanas, com as diferentes esferas de valores, externos e internos, assim como religiosos e seculares, influenciaram poderosamente, no sentido de tornar consciente a *independência interna e autêntica* das esferas individuais; isso tornou possível cair nessas tentações que, na inconsciente relação original com o mundo exterior, permanecem ocultas. Frequentemente isso surge da evolução de valores intra e ultraterrenais para a racionalidade, para uma atividade consciente e para a sublimação mediante o *conhecimento*. Essa resultante é de suma importância para a história da religião. Examinaremos uma sucessão destes valores a fim de elucidar os fenômenos típicos que repetidamente aparecem em relação com muitas diferentes éticas religiosas.

Sempre que as profecias de salvação geraram congregações religiosas foi a estirpe natural o primeiro poder com o qual se chocou. A estirpe temeu que a profecia a desvalorizasse. Os que não podem manifestar hostilidade contra os membros da casa, contra pai e mãe, não podem ser discípulos de Jesus. "Não vim trazer a paz, mas a espada" (Mateus 10.34); essa frase foi expressa nesse sentido e, note-se bem, só nesse sentido. Claro que uma grande maioria de religiões estabeleceu vínculos de piedade intramundana. Não obstante, quanto mais vasta e mais profunda foi a finalidade da salvação, tanto mais fica claro que o crente devia estar, em última instância, mais unido ao salvador, ao profeta, ao sacerdote, ao padre confessor e ao irmão de fé que às relações naturais e à comunidade matrimonial.

A profecia produziu uma nova comunidade social, sobretudo, quando se transformou em uma congregação religiosa orientada à salvação. Desse modo, as relações da estirpe e o matrimônio eram, ao menos relativamente, desvalorizados. Afrouxaram-se os vínculos mágicos e a exclusividade das estirpes, e a religião profética produziu na nova comunidade uma ética religiosa de irmandade.

Essa última não fez mais que adotar os princípios originais de conduta social e ética oferecidos pela "associação de vizinhos", quer se tratasse da comunidade de residentes, membro da estirpe, do grêmio ou de camaradas em expedições de navegação, caça ou guerra. Essas comunicações tinham dois princípios elementares: primeiro, o dualismo de uma moralidade intra e extra grupo, segundo, simples reciprocidade, como moral intra grupo: "Te tratarei tal como tu me tratares". As consequências que esses princípios tiveram na vida econômica foram, para a moralidade intra grupo a vigência do princípio de obrigação de dar apoio fraternal em casos de necessidade. Os ricos e os nobres tinham a obrigação de oferecer bens, sem sobrecarga, para serem utilizados pelos que não tinham, de outorgar créditos sem interesse e de dar hospitalidade e ajuda liberalmente. Os homens deviam prestar serviços a pedido de seus vizinhos, e também na propriedade rural do soberano, sem outra retribuição que seu sustento. Tudo isso derivava do seguinte princípio: tua necessidade de hoje pode ser a minha de amanhã. Naturalmente este princípio não era enunciado de maneira racional, mas incidia sobre os sentimentos. Portanto, o resgate em negócios e empréstimos, ou a repetida escravização por dividas, por exemplo, faziam parte da moralidade alheia ao grupo e só se aplicavam a quem não o integrava.

A religiosidade da congregação estendeu essa ética originária e econômica de vizinhança às relações entre irmãos de fé. As primitivas obrigações de nobres e ricos tornaram-se imperativos fundamentais de todas as religiões eticamente racionalizadas do mundo: auxiliar as viúvas e os órfãos, os necessitados, cuidar do irmão de fé enfermo e arruinado, e dar esmolas. Os ricos, em especial, eram constrangidos a dar esmolas, pois os encantadores sagrados e os bruxos, assim como os ascetas, dependiam economicamente deles.

Nas profecias de salvação as relações comunitárias foram implantadas sobre o sofrimento comum a todos os crentes e isto ocorreu tanto quando o sofrimento ocorreu de fato como quando se constituiu uma permanente ameaça, externa ou interna. Quanto mais numerosos os imperativos inferidos da ética de reciprocidade entre vizinhos, instituídos, maior racionalidade conteve o conceito de salvação e maior foi sua sublimação em uma ética de fins absolutos. Externamente, esses preceitos manifestaram-se como um comunismo de irmãos amantes; internamente, conformaram a atitude da *caritas*, do amor ao sofredor *como tal*, ao vizinho, ao ser humano e, finalmente, ao inimigo. Os limites dos vínculos de fé e a existência do ódio na exterioridade de um mundo entendido como lugar de sofrimentos não merecidos, parecem ser resultantes das mesmas imperfeições e corrupções da realidade empírica que originaram primitivamente o sofrimento. Em particular, a especial euforia de toda classe de êxtase religiosamente exaltado incidiu psicologicamente na mesma direção geral. Desde o sentir-se "estremecido" e edificado, o sentimento de imediata comunhão com Deus, os êxtases sempre predispuseram os seres humanos a submergirem-se em um acosmismo de amor sem objeto. Nas religiões de salvação, a profunda e pacífica bem-aventurança de todos os heróis da bondade acósmica sempre foram exaltados com uma compreensão caritativa pelas imperfeições naturais de todas as ações humanas, mesmo as próprias. Pode ser muito variável o teor psicológico, assim como a interpretação ética, racional, desta atitude interior, mas essa exigência ética ficou sempre situada na direção de uma fraternidade universitária que supera todas as limitações das organizações "sociais", com frequência até mesmo das da própria fé. A religião de fraternidade sempre esteve em antagonismo com as ordens e valores mundanos e este antagonismo ficou pior tanto mais quando mais firmemente se colocou em prática suas exigências. Em geral, a ruptura se aprofundou ao progredir a racionalidade e sublimação dos valores mundanos, em termos de sua própria legalidade. E isto é o que nos importa aqui.

3. A esfera econômica

A tensão entre a religião fraternal e o mundo manifestou-se mais na esfera econômica. Em seu conjunto, as originárias formas mágicas ou mistagógicas de agir sobre os espíritos e deidades buscaram interesses particulares, como riquezas, longa vida, saúde, honra, descendência e, provavelmente, o fim do próprio destino no mais além. Tudo isso era oferecido aos mistérios eleusinos, às religiões fenícia e védica, à religião animista chinesa, ao antigo judaismo e ao antigo islamismo, e também aos leigos hindus e aos budistas piedosos. Contudo, as religiões de salvação sublimada tem se relacionado de maneira cada vez mais tensa com as economias racionalizadas.

Uma economia racional é uma organização funcional dirigida à fixação de preços monetários surgidos das lutas de interesses entre os homens verificadas no mercado. Só uma avaliação em preços monetários e, portanto, uma luta de mercado, torna possível o cálculo. O dinheiro é o fator mais abstrato e "impessoal" que existe na vida humana. Quanto mais se acomoda o mundo da economia capitalista a suas próprias leis internas tanto mais dificulta toda possível relação com uma ética religiosa de fraternidade. Isso ocorre quanto mais racional e, portanto, mais impessoal, for o capitalismo. Antigamente era possível uma regulamentação ética das relações entre senhor e escravo, justamente porque eram relações pessoais.

Porém, não é possível regulamentar – ou pelo menos não no mesmo sentido e com igual êxito – as relações entre os titulares de hipotecas, sempre variáveis, e os devedores dos bancos emissores, igualmente variáveis; nesta situação não existe, efetivamente, nenhuma classe de vínculo pessoal. Se, não obstante isso, se procurasse regular estas relações, sua consequência seria a mesma que conhecemos através da China: a racionalidade formal desapareceria; pois na China teve lugar um conflito entre a racionalidade formal e a racionalidade substantiva.

As religiões de salvação tendem, como já sabemos, a despersonalizar e objetivar o amor exclusivamente no acosmicismo; não obstante, estas mesmas religiões manifestaram uma profunda desconfiança para com o desenvolvimento de forças econômicas igualmente impessoais, ainda que em um sentido distinto, e isso em razão de que tais forças eram essencialmente antagônicas à fraternidade.

A típica atitude das religiões de salvação a respeito da economia de lucro sempre esteve representada no católico *Deo placere non potest*. Em todas as técnicas racionais de salvação, as recomendações contra a afeição ao dinheiro e as possessões terminaram por proibi-los. O fato de que as próprias congregações religiosas, assim como sua divulgação e manutenção, dependessem de recursos econômicos, assim como de sua acomodação às necessidades culturais e interesses imediatos das massas, as constrangeu a consentir compromissos como, por exemplo, o que acontece na história da proibição de interesses. Não obstante, em última instância, nenhuma genuína religião de salvação conseguiu suprimir a tensão existente entre sua religiosidade e uma economia racional.

Externamente essa tensa relação foi solucionada da maneira mais radical na ética dos virtuosos religiosos, a saber, negando-se à possessão de bens econômicos. O monge ascético evade-se do mundo rejeitando para si a propriedade individual; sua subsistência depende inteiramente de seu próprio trabalho; e, fundamentalmente, suas necessidades reduzem-se, portanto, ao estritamente indispensável. O paradoxo de todo ascetismo racional, contra o qual protagonizaram por igual os monges de todos os tempos, consiste em que o mesmo ascetismo racional promoveu essa riqueza que desprezou. Em todas as partes, os templos e monastérios chegaram a ser lugares próprios de economias racionais.

Em princípio, o retiro contemplativo só pôde implantar a regra de que o monge despossuído não pode desfrutar senão daquilo que a natureza e seus semelhantes lhe dão voluntariamente: frutos, raízes e esmolas. O trabalho separava o monge da concentração no valor de salvação proposto. Contudo, o retiro contemplativo assumiu seus compromissos fixando distritos de mendicância, como na Índia.

Só existiram dois caminhos não contraditórios para evitar fundada e *internamente* a tensão entre a religião e o mundo econômico: Primeiro, o paradoxo da "ética puritana da vocação". Como religião de virtuosos, o puritanismo abandonou o universalismo do amor, e "transformou em rotina", racionalmente, todo trabalho mundano como realização da vontade divina e prova do próprio estado de graça. A significação essencial da vontade divina era bastante ininteligível, mas esta era a única vontade positiva da qual se podia ter conhecimento. Nesse sentido o puritanismo consentiu a "transformação em rotina" do mundo econômico, ao qual desprezava, tanto como ao mundo em seu conjunto, como algo animal e corrompido. Considerava que esta situação fática era o resultado da vontade divina e algo material proposto a cada um para o cumprimento de seu dever. Em definitivo isto significava, em princípio, desistir da salvação como uma meta ao alcance do ser humano, quer dizer, de todo o mundo. Implicava desistir da salvação em benefício da graça não fundada e sempre concedida particularmente. De fato, esta atitude não fraternal já não constituía uma genuína "religião de salvação". Uma autêntica religião de salvação pode extremar a fraternidade até os limites do acosmicismo do amor do místico. O outro caminho não contraditório que fez possível evitar a tensão entre economia e religião é o misticismo. A "bondade" do místico, que não se informa acerca da pessoa a quem e por quem se sacrifica, exemplifica de maneira bastante pura este caminho. Em última instância, o misticismo desinteressa-se da pessoa enquanto tal pessoa; o místico bondoso dá muito mais do que lhe pedem, seja quem for a pessoa que ocasionalmente cruze seu caminho e dele de aproxime, e o faz meramente porque ocorre que essa pessoa se encontra em seu caminho. O misticismo constitui uma evasão única deste mundo, sob a forma de uma devoção sem objeto para qualquer um, não por amor ao ser humano, mas meramente por amor à devoção, ou como disse Baudelaire, por amor "a sagrada prostituição da alma".

4. A esfera política

Também com os ordenamentos *políticos* do mundo encontrou-se a ética fraternal das religiões de salvação em uma viva tensão. Este problema não existiu nem para a religião mágica nem para a religião de deidades funcionais. Tanto o antigo deus da guerra como o deus que guardava o ordenamento legal eram deidades funcionais que preservavam os valores admitidos da rotina diária. Os deuses da população, da tribo e da comunidade política só cuidavam dos interesses de suas respectivas associações. Assim como as comunidades lutavam entre si, também eles deviam lutar contra outros deuses iguais e manifestar seus poderes divinos justamente nessa luta.

O problema só surgiu quando as religiões universalistas, com um Deus único para todos, apagaram estes limites entre populações, tribos e comunidades políticas. E só surgiu de maneira completa quando esse Deus foi um Deus de "amor". Foi a exigência básica de fraternidade que enfrentou às religiões de salvação com o problema das tensões com o ordenamento político; e, da mesma forma que no campo econômico, essas tensões agravaram-se ao desenvolver-se a racionalidade do ordenamento político.

Em seu comportamento ideal, o aparato estatal burocrático e o *homo politicus* racional, que faz parte do Estado, manejam os assuntos, incluindo o castigo do mal, conforme às normas racionais do ordenamento estatal. Nesse sentido, o político comporta-se exatamente como o homem econômico, de uma maneira positiva "sem considerações pela pessoa", *sine ira ac studio*, sem ódio e, portanto, sem amor. Em razão de sua despersonalização, em aspectos relevantes, o Estado burocrático é mais impermeável à moralização substantiva que as antigas ordens patriarcais, por mais que as aparências indiquem o contrário. As ordens patriarcais do passado sustentavam-se em deveres pessoais de piedade e os governantes patriarcais atinham-se ao mérito do caso concreto, individual, manifestando justamente uma "consideração pela pessoa". Em definitivo, não obstante todas as "políticas de beneficência social", – todo o desenvolvimento das funções políticas internas do Estado, da justiça e administração, estava reiterada e inevitavelmente regulada pelo pragmatismo objetivo das "razões de Estado". O objetivo irrestrito do Estado, que consiste em salvaguardar (ou modificar) a partilha externa e interna de poder, deve carecer essencialmente de sentido para toda religião universalista de salvação. Isso foi, e continua sendo, tanto mais válido no caso da política exterior. Toda comunidade política deve apelar necessariamente à aberta violência dos meios coercitivos frente aos estrangeiros e frente aos inimigos internos. Essa apelação à violência é justamente a única coisa que, segundo nossa caracterização, constitui uma comunidade política. O Estado é uma associação que reclama para si o monopólio do *uso legítimo da violência*, e não existe outro modo de defini-lo. O Sermão da Montanha diz: "não resistais ao mal". O Estado, pelo contrário, afirma, "*Colaborarás* na vitória da justiça mediante o uso da *força* e assim não serás responsável pela injustiça". Se faltar este elemento o "Estado" não pode existir; surge então o "anarquismo" do pacifista. Não obstante, conforme o inevitável pragmatismo de toda ação a força e a ameaça de força geram necessariamente mais força. Portanto, as "razões de Estado" obedecem suas próprias leis internas e externas. Em definitivo, o próprio êxito da força ou da ameaça de força, funda-se em relações de poder e baseia-se na "justiça" ética, ainda que julgássemos que é possível encontrar critérios objetivos nos quais sustentar tal "justiça".

Em oposição ao heroísmo primitivo ingênuo é sintomático dos sistemas racionais estatais que os estratos preparem-se para a luta violenta, todos francamente convencidos de ter "a razão". Aqui qualquer religião coerente deve ver apenas um simulacro de ética. Por outro lado, mesclar o nome do Senhor em um conflito político violento deste tipo equivale a tomar Seu nome em vão. A esse respeito, a única decisão honesta e a mais correta, talvez seja a total exclusão da ética do terreno do raciocínio político. Para uma ética de fraternidade, a política deve ser tanto mais estranha à fraternidade quanto mais positiva e calculista for, e quanto mais despojada está das paixões, da cólera e do amor.

A mútua alienação da religião e da política, na medida em que estão totalmente racionalizadas, é muito mais habitual em virtude de que, ao contrário do que acontece com a economia, a política pode chegar a rivalizar diretamente com a ética religiosa em aspectos básicos. Em qualidade de ameaça de força consumada entre as comunidades políticas modernas, a guerra produz um *pathos* e um sentimento de comunidade. Desse modo, a guerra vem a produzir entre os combatentes uma comunidade totalmente devota e preparada para o sacrifício, e suscita compaixão e amor pelos necessitados. E esses sentimentos, como fenômenos massivos, rompem todos os limites de agrupamento naturalmente determinados. Em geral, a religião só pode obter resultados semelhantes em comunidades heroicas que pratiquem uma ética de fraternidade.

Por outro lado, a guerra atua sobre o guerreiro de um modo singular no sentido concreto: faz-lhe sentir um significado consagrado da morte, que é especificamente exclusivo da morte na guerra. A comunidade do exército que está no campo de batalha julga-se – como na época dos "seguidores" do chefe guerreiro – uma comunidade até na morte, e até em uma morte superior a qualquer outra. A morte no campo de batalha não é a mesma que a morte que só é o inevitável destino comum do homem; pois essa morte na batalha consiste em que na guerra, e *unicamente* na guerra, o indivíduo pode *crer* saber que está morrendo "por" algo; em geral, o motivo e a finalidade de seu enfrentamento com a morte podem parecer-lhe tão óbvios que nem sequer questiona o "sentido" da morte. Só os que morrem "por sua vocação" encontram-se na mesma situação que o soldado que afronta a morte no campo de batalha.

Em última instância, este assentamento da morte em uma série de eventos significativos e consagrados está na base de todas as tentativas dirigidas a sustentar a dignidade independente da comunidade política que se apoia na força. Não obstante, o modo como a morte pode ser considerada como algo significativo mostra, nestes casos, uma orientação basicamente diferente da que pode apresentar a justificação da morte em uma religião de fraternidade. Nessas religiões de fraternidade deve ficar desvalorizada a fraternidade de um grupo de homens reunidos na guerra. É preciso considerá-la como um mero reflexo da violência tecnicamente sofisticada da guerra. E a consagração mundana da morte na guerra deve manifestar-se como uma glorificação do fratricídio. O carisma sagrado e o sentimento da comunhão com Deus têm a qualidade excepcional da fraternidade da guerra, e da morte na guerra, e esta circunstância produz em muito alto grau a competência entre a fraternidade da religião e a da comunidade guerreira. Analogamente ao caso da economia, as duas únicas soluções sólidas para este conflito são as do puritanismo e do misticismo.

O puritanismo, com sua graça específica e seu ascetismo vocacional, crê nos mandamentos rígidos e revelados de um Deus que de outro modo é bastante inexplicável; a vontade de Deus é interpretada do ponto de vista de que esses mandamentos deveriam ser impostos à criatura apelando-se aos recursos deste mundo, a saber, a violência, já que o mundo está sob o império da violência e da barbárie ética. E isso implica barreiras que bloqueiam a obrigação de fraternidade, em favor da "causa" divina.

Temos, por outro lado, a solução da extrema atitude antipolítica do místico, sua tentativa de salvação com sua benevolência e fraternidade acósmicas. O misticismo, com seus princípios de "não resistais ao mal" e "deem a outra face", aparece como necessariamente simples e carente de dignidade para toda ética mundana do heroismo fundada na autoconfiança. Aparta-se da máxima de violência inseparável de toda ação política.

Todas as demais soluções às tensões entre política e religião implicam compromissos e suposições que devem aparecer como inevitavelmente desonestos ou inadmissíveis para a genuína ética de fraternidade. Não obstante, algumas destas soluções interessam como tipos.

Todo organismo de salvação mediante uma *instituição* de graça obrigatória e universalista sente-se responsável diante de Deus pelas almas de pelo menos todos os homens que lhe são confiados. Por conseguinte, esta instituição reivindicará para si o direito e o dever de contrariar com poder impiedoso todo perigo produzido por uma alteração da fé. Sente-se no dever de difundir seus meios de graça salvadores.

Quando Deus outorga às aristocracias de salvação a missão de purificar o mundo do pecado, para Sua glória, surge o "cruzado". Assim ocorreu no calvinismo e, em forma diversa, no islamismo. Contudo, ao mesmo tempo, as aristocracias de salvação discriminam entre as guerras "santas" ou "justas", e as demais guerras meramente seculares e, consequentemente, profundamente menosprezadas. A guerra justa é feita para realizar o mandamento divino, ou em favor da fé, o qual de certa forma sempre implica uma guerra de religião. Portanto, as aristocracias de salvação negam-se a colaborar nas guerras das autoridades políticas que não estejam nitidamente determinadas como guerras santas, de acordo com a vontade divina. O triunfante exército dos Santos de Cromwell procedeu deste modo ao rejeitar o serviço militar obrigatório. Quando os homens infringem a vontade divina, particularmente no que tange à fé, os fiéis decidem-se por uma revolução religiosa ativa, devido ao princípio que exige obedecer a Deus e não aos homens.

O luteranismo eclesiástico, por sua vez, tomou uma posição diametralmente oposta. Rejeitou a cruzada e o direito à resistência ativa contra toda coação secular em questão de fé; julgou que esta coação é um voluntarismo arbitrário que supõe a salvação no realismo da violência. Nesse sentido, o luteranismo só admitiu a resistência passiva. Não obstante, admitiu a sujeição à autoridade secular como algo indiscutível, ainda que esta tenha preparado a guerra, já que a responsabilidade da guerra corresponde à autoridade secular e não ao indivíduo, e em virtude de seu reconhecimento da autonomia ética da autoridade secular ao contrário do que ocorre no caso da instituição universalista da graça (católica).

De modo natural, e em toda parte, o anseio de salvação genuinamente místico e carismático dos virtuosos religiosos teve um sentido apolítico ou antipolítico. Estes anseios de salvação admitiram com rapidez a autonomia da ordem temporal, mas fizeram isso apenas para inferir de modo consistente sua peculiaridade puramente demoníaca, ou pelo menos para tomar uma atitude de total indiferença, a qual foi articulada na frase: "Dai a César o que é de César" (pois, que importa isso para a salvação?).

As atitudes empíricas muito diversas, tomadas pelas religiões por interesses de poder e em lutas pelo poder, por estar condicionadas pela ingerência das instituições religiosas em interesses de poder e em luta pelo poder, pela utilidade e benefícios oferecidos pelas instituições religiosas para a sujeição política das massas e, particularmente, pela necessidade de benção religiosa de sua legitimidade por parte dos poderes existentes. A história mostra que quase todas as plataformas das instituições religiosas apresentaram uma religiosidade relativa no que interessa aos valores sagrados, a racionalidade ética e a autonomia legal. O tipo mais significativo que se deu na prática dessas formas relativas foi a ética social "orgânica".

Essa ética social orgânica, na medida em que está religiosamente infraestruturada, situa-se no nível da fraternidade, mas diferente do amor místico, está determinada por uma ordem cósmica e racional de fraternidade. Seu núcleo originário radica na experiência da desigualdade de carisma religioso. Para a ética social orgânica torna-se intolerável a simples circunstância de que o sagrado seja acessível apenas para alguns e não para todos. Por essa razão, trata de igualar essa diferença de atributos carismáticos em um ordenamento de serviços dispostos por Deus de maneira especializada. Os indivíduos e os grupos têm determinadas tarefas nomeadas conforme seu carisma pessoal e sua posição social e econômica tal como já estão prefixadas pelo destino. De modo geral, apesar de seu caráter de compromisso, estas tarefas estão a serviço do cumprimento de uma qualidade valorizada por Deus. E esta qualidade é considerada ao mesmo tempo como utilitária, social e providencial. E possibilita, pelo menos, uma vitória relativa sobre o pecado e o sofrimento, frente à perversidade do mundo; desse modo assegura-se, para o reino de Deus, a maior garantia de salvação para o máximo possível de almas. Por conseguinte, a ética social orgânica apresenta inevitavelmente uma adequação aos interesses dos estratos privilegiados deste mundo. Esse é, pelo menos, o juízo sustentado pela ética mística de fraternidade religiosa. Segundo a orientação do ascetismo intramundano, a ética orgânica está privada do impulso íntimo na direção de uma completa racionalização ética da vida individual. Consequentemente, não premia a elaboração racional e metódica em favor da salvação individual.

Para o pragmatismo orgânico de salvação, a aristocracia redentora do ascetismo intramundano com sua despersonalização racional da vida é a forma menos piedosa de desamor e carência de fraternidade. E o pragmatismo redentor do misticismo, por sua vez, deve ser considerado como uma indulgência sublimada e, na prática, não fraternal do carisma pessoal do místico. Em última instância, tanto para o ascetismo intramundano como para o misticismo, o mundo carece em absoluto de sentido, e a seu respeito os desígnios de Deus são totalmente inescrutáveis. Essa consideração é inadmissível para o racionalismo das doutrinas religiosas e orgânicas da sociedade; esse racionalismo trata de conceber o mundo como um cosmos relativamente racional e de julgar que nele há, pelo menos, certos vestígios do plano divino de salvação.

Assim como as realizações econômicas e políticas racionais seguem leis próprias, assim também toda outra ação racional no seio do mundo está necessariamente unida a determinações mundanas. Essas determinações são alheias à fraternidade e devem valer como meios ou fins da atividade nacional. Por conseguinte, toda ação racional desemboca, de um modo ou de outro, em um estado de tensão com a ética da fraternidade. Com efeito, em aparência não há modo algum de resolver ao menos a primeira questão: Como é possível decidir, no caso individual, o valor ético de um ato segundo regras de êxito, ou segundo algum valor intrínseco que se encontra na própria natureza do ato? A questão radica em determinar se, e até que ponto, a responsabilidade das pessoas pelas consequências santifica os meios ou se o valor da intenção das pessoas justifica que lhes seja negada a responsabilidade pelas consequências, se é preciso atribuir as consequências do ato a Deus ou à maldade e estupidez do mundo consentidas por Deus. Em virtude da sublimação absolutista da ética religiosa, os homens escolherão a última alternativa: "O cristão atua bem e confia o êxito a Deus". Não obstante, desse modo o comportamento pessoal das pessoas é condenado como irracional em seus efeitos, quando se manifesta realmente coerente, e não se trata de uma autêntica autonomia do mundo. Para esse propósito, um anseio de salvação sublimado e pleno pode levar ao acosmicismo crescente, de tal maneira que este termine por rejeitar toda ação racional deliberada e, por conseguinte, toda ação segundo meios e fins, por julgá-las vinculadas a coisas mundanas e, então, separadas de Deus. Isto se deu, com uma consistência diversa, desde a parábola bíblica dos lírios do campo até as formulações básicas, por exemplo, do budismo.

Em qualquer lugar, a ética orgânica da sociedade é um poder sumamente conservador e reage à revolução. Não obstante, em determinadas circunstâncias, uma religiosidade autenticamente virtuosa pode ter consequências revolucionárias. Naturalmente, isso só ocorre na medida em que não se reconhece como atributo constante do criado ou pragmatismo da força, que gera mais força e só alcança mudanças pessoais ou mudanças nos métodos de governar pela força. Por outro lado, o sentido revolucionário da religiosidade virtuosa pode adotar duas formas. Uma forma procede do ascetismo intramundano, enquanto esse ascetismo se mostrar capaz de opor uma lei natural absoluta e divina ao âmbito animal, perverso e fático do mundo. Portanto, realizar essa lei divina natural torna-se um dever religioso, conforme a máxima que diz que primeiro é preciso obedecer a Deus e não aos homens. Nesse sentido são peculiares as genuínas revoluções puritanas, e a atitude corresponde aqui totalmente à obrigação da cruzada.

Há certa diferença no caso do místico. Sempre existe a possibilidade de realizar a virada psicológica da possessão de Deus à possessão por Deus, e isto se cumpre no caso do místico. Isto se torna significativo quando se exaltam as perspectivas escatológicas do milênio de fraternidade acósmica, ou seja, quando se perde o sentimento de que há uma tensão constante entre o mundo e o reino metafísico de salvação. Aqui o místico converte-se em redentor e profeta. Não obstante, as ordens que dá carecem de caráter racional. Enquanto que os produtos de seu carisma são revelações concretas e a básica rejeição do mundo transforma-se facilmente em *anomismo* radical. As ordens mundanas não perturbam ao homem, seguro em sua união com Deus. Até a revolução dos anabatistas, todo milenarismo baseou-se de um modo ou outro nesta infraestrutura. O modo de ação torna-se secundário acerca da salvação para o que "possui a Deus" e salva-se por isto.

5. A esfera estética

A ética religiosa da fraternidade está em tensão dinâmica com todo comportamento racional orientado, sujeito a suas próprias leis. Essa tensão manifesta-se com potência semelhante entre a ética religiosa e os poderes vitais "deste mundo", cuja índole é essencialmente não racional ou basicamente antirracional. Particularmente, há uma tensão entre a ética da fraternidade religiosa e as esferas da vida estética e erótica.

Existe uma estreita relação entre a religiosidade mágica e a esfera estética. Desde sua origem, a religião tem sido uma fonte inesgotável de ocasiões para a criação artística, por um lado, e para a estilização por meio da tradição, por outro. Isso é manifestado em uma grande variedade de objetos e processos: ídolos, ícones e outros objetos religiosos; a estereotipação de formas magicamente aprovadas, a qual é uma primeira aproximação na superação do naturalismo por meio da fixação de um *"estilo"*; a música como meio de êxtase, exorcismo ou magia; os feiticeiros como cantores e dançarinos santos; as relações tonais magicamente estereotipadas, etapas preparatórias na evolução dos sistemas tonais, o passo de dança de sentido mágico como uma das fontes do ritmo e como técnica de êxtase; os templos e igrejas como edifícios de formas e dimensões elevadas e estereotipadas; as vestimentas e utensílios eclesiásticos de todo tipo que valeram como objeto das artes aplicadas. Todos esses objetos e processos surgiram em relação com a riqueza das igrejas e dos templos, produzida pelo fervor religioso.

Para a ética religiosa da fraternidade, como também para o rigorismo ético apriorista, a arte como receptáculo de efeitos mágicos, não só torna desvalorizado, mas também como algo suspeito. A sublimação da ética religiosa e o anseio de salvação, por um lado, e o desenvolvimento da lógica inerente à arte, por outro, propenderam a determinar uma relação cada vez mais tensa. Todas as religiões de salvação concentraram-se unicamente no conteúdo, não na forma das coisas e condutas pertinentes à salvação. As religiões de salvação subestimaram a forma como algo contingente, como algo mundano e que se aparta do conteúdo.

Essa situação varia com o desenvolvimento do intelectualismo e da racionalização da vida, já que nessas condições a arte torna-se um universo de valores autônomos, percebidos de um modo cada vez mais consciente e que se instauram por direito próprio. A arte adquire a função de salvação neste mundo, independente do modo que isto pode ser interpretado.

Com base nessa pretensão de exercer uma função redentora, a arte começa a competir diretamente com a religião de salvação. A ética religiosa racional tem que se opor a esta salvação mundana, irracional. Com efeito, para a religião essa salvação é um âmbito de indulgência irresponsável e de oculto desapego. Na prática, a negativa do homem moderno em assumir a responsabilidade de julgamentos morais tende a transformar os juízos de conteúdo moral em juízos de gosto ("de mau gosto" em vez de "censurável"). Como diante de um juízo estético é impossível apelar, a discussão fica excluída. Essa passagem da valoração moral à valoração estética da conduta é típica das épocas intelectualistas; em parte é consequência de exigências subjetivistas e, em parte, do medo a parecer limitado, tradicionalista e hipócrita.

A norma ética e sua "validez universal" instauram uma comunidade, enquanto um indivíduo pode rejeitar o ato de outro por motivos morais e, no entanto, tolerá-lo e conviver com ele. Consciente de sua própria indefensabilidade como criatura, o indivíduo rende-se à norma comum. Ao contrário desta atitude ética, a religião de salvação *pode* julgar cabalmente que o evitar a necessidade de adotar uma atitude sobre uma base racional, ética, apelando a apreciações estéticas, é uma forma muito reduzida de anti-fraternidade. Não obstante, para o artista criativo, assim como para a mentalidade esteticamente exaltada e sensível, a norma ética, como tal, pode ser julgada facilmente como uma coação de sua genuína criatividade e de sua autêntica intimidade.

Em sua própria natureza a forma mais irracional de comportamento religioso, a experiência mística, não só é estranha como hostil a toda forma. Para o místico, a forma é inefável e é um obstáculo, já que ele confia precisamente na experiência de fazer explodir todas as formas e, deste modo, espera ser absorvido na "Totalidade" que está mais além de toda determinação e de toda forma. Para o místico, a segura semelhança psicológica entre experiências artísticas e religiosas profundamente emotivas só pode ser um sinal da natureza demoníaca da arte. Particularmente a música, a mais "interiorizada" de todas as artes, pode ser vista em sua forma mais depurada de música instrumental como um substituto arbitrário da experiência religiosa original.

É provável que a conhecida postura do Concílio de Trento procedesse parcialmente desse sentimento. A arte transforma-se em uma "idolatria", um poder competitivo, um falso deslumbramento; e as imagens e alegorias de sentimentos religiosos manifestam-se como uma blasfêmia. No curso da história, essa semelhança psicológica entre a arte e a religião criou vínculos sempre renovados, os quais eram relevantes para o desenvolvimento da primeira. Quase todas as religiões compartilham, em um ou outro grau, esses vínculos, na medida em que cresce seu desejo de universalismo, mais geral se fez sua aliança com a arte. Contudo, quase todas as genuínas religiões de virtuosos procuram evitar a confrontação com a arte, devido à contradição interna que existe entre religião e arte. Isso se aplica tanto ao ascetismo como ao misticismo da religião de virtuosos. A negação da arte foi tanto mais forte quanto maior foi a relevância dada pela religião à supramundanidade de seu Deus, ou à ultramundanidade da salvação.

6. A esfera erótica

A ética fraternal da religião de salvação encontra-se em profundo conflito com o maior poder irracional da vida; o amor sexual. A tensão entre sexo e religião torna-se mais densa quanto mais sublimada está a sexualidade e quanto mais inflexível é a ética fraternal. Inicialmente, o vínculo entre sexo e religião já foi muito estreito. Com muita frequência, a relação sexual integrou a orgia mágica, ou foi uma consequência não premeditada da excitação orgiástica. A formação da seita russa dos Skoptsy (castradores) surgiu de um propósito de abolir as derivações sexuais da dança orgiástica (radjeny) do *chlyst*, a qual era vista como pecaminosa. A prostituição sagrada não teve relação alguma com uma presumida "promiscuidade primitiva"; em geral, foi uma postergação da orgia mágica na qual todo êxtase era julgado "sagrado". E a prostituição profana heterossexual, assim como homossexual, é de longa data e também bastante sofisticada.

A passagem dessa prostituição ao matrimônio legal abrange uma grande quantidade de formas intermediárias. Concepções do matrimônio como um contrato econômico para dar segurança à esposa e herança legal aos filhos; como uma instituição relevante para o destino no mais além (em virtude dos sacrifícios dos descendentes a seus mortos); como significativo para ter filhos: essas concepções do matrimônio são pré-proféticas e universais. Por esta razão, não tiveram relação com o ascetismo como tal. E a vida sexual, por sua própria índole, teve seus espíritos e seus deuses como qualquer outra função.

Uma determinada tensão entre a religião e o sexo manifestou-se unicamente com a castidade temporal cúltica dos sacerdotes. É muito provável que essa castidade de antiga data estivesse condicionada pela circunstância de que, no sentido do rito estritamente estereotipado do culto comunitário normativo, a sexualidade fosse vista como algo sujeito à peculiaridade do demoníaco. Por outro lado, não foi devido ao azar que, mais tarde, as religiões proféticas, assim como os ordens de vida reguladas pelos sacerdotes, instituíram as relações sexuais em favor do *matrimônio*. Essa circunstância manifesta o contraste entre toda regulamentação racional da vida e o orgiasticismo mágico, como também toda classe de frenesi irracional.

Fatores concernentes ao desenvolvimento acrescentaram mutuamente a tensão entre religião e sexo. Da parte da vida sexual, a tensão levou ao "erotismo" por meio da sublimação e, desse modo, a um âmbito conscientemente cultivado e, consequentemente, não rotinizado. O sexo foi afastado da rotina não só no sentido de separar-se das convenções, já que o erotismo contrasta com o sóbrio naturalismo do camponês. E, em geral, as convenções do cavalheirismo justamente transformaram o erotismo em objeto de controle. Não obstante, de um modo específico, estas convenções controlavam o erotismo encobrindo o fundamento natural e orgânico da sexualidade.

A índole excepcional do erotismo consistiu, justamente, em uma progressiva alienação do ingênuo naturalismo sexual. Mas as razões e significação desse desenvolvimento supõem uma racionalização e intelectualização universal da Cultura. Esboçaremos as fases dessa evolução e mencionaremos exemplos tomados do Ocidente.

Hoje em dia, o ser total do homem foi alienado do céu orgânico da vida de camponês; o conteúdo cultural da vida foi enriquecendo de modo permanente, quer seja considerado supraindividual de uma perspectiva intelectual, quer seja em outro sentido. A alienação do valor vital de tudo aquilo que vem dado de modo meramente natural contribuiu para realizar ainda mais a posição especial do erotismo. O erotismo elevou-se à esfera do gozo consciente (no sentido mais elevado da palavra). Não obstante, e praticamente devido a esta elevação, em contraste com os mecanismos de racionalização, o erotismo apresentou-se como meio de acesso ao núcleo mais irracional e, desse modo, mais real da vida. Historicamente pode comprovar-se uma enorme variação na medida e maneira em que assim enfatizou-se o valor do erotismo como tal.

Nos sentimentos não reprimidos de uma comunidade guerreira, a possessão das mulheres e a luta por elas, teve uma importância similar à luta pela ganho de riquezas e pela conquista do poder. Durante o helenismo pré-clássico, na época do romance nobre, Arquilocos podia julgar uma decepção erótica como uma experiência significativa de duradoura importância e o rapto de uma mulher podia transformar-se em acontecimento excepcional de uma guerra heróica.

O amor sexual foi, para os trágicos, um genuíno poder do destino e seu saber nutriu-se das nostálgicas ressonâncias mitológicas. Mas, em geral, o homem não pode ultrapassar a capacidade de sensação erótica de uma mulher: Safo. Durante o período clássico grego, o período do exército dos hoplitas, as questões eróticas foram entendidas de uma maneira relativa e estranhamente moderada. Como dão provas todas as suas confissões pessoais, estes homens foram ainda mais castos que o estrato educado dos chineses. Não é verdade, contudo, que esta época não conhecera a grave sinceridade do amor sexual. É preciso lembrar – apesar de Aspasia – o discurso de Péricles e, finalmente, a conhecida declaração de Demóstenes.

Para a índole marcadamente masculina desta época "democrática" haveria sido um traço muito sentimental considerar a experiência erótica com mulheres como o "destino da vida", para dizê-lo com nossa terminologia. Ao "amigo", ao jovem, era a quem a cerimônia do amor solicitava, e este foi justamente o fato central da cultural grega. Por isso, não obstante seu caráter esplendido, o eros platônico continua sendo um sentimento muito moderado. A beleza da paixão báquica, como tal, não foi um componente oficial desta relação.

Inicialmente, a possibilidade de que a esfera erótica proporcionasse problemas e tragédias de caráter fundamental apresentou-se a partir de determinadas exigências de responsabilidade que, no Ocidente, surgiram do cristianismo. Mas a valoração da sensação erótica como tal desenvolveu-se principalmente, e acima de tudo, condicionada culturalmente pelas concepções feudais da honra. Foi verificada mediante a translação à relação sexual eroticamente sublimada dos símbolos da servidão cavalheiresca. A valoração do erotismo tornou-se mais frequente a partir da combinação com a religiosidade criptoerótica, no curso da união das relações de servidão e as relações eróticas ou, como na Idade Média, diretamente com o ascetismo. É sabido que o amor trovadoresco da Idade Média cristã era um serviço erótico dos vassalos. Não se dirigia às donzelas, mas unicamente às esposas de outros homens; incluía noites de amor abstêmias (teoricamente!) e um código casuístico de deveres. Assim começou a "prova" do homem, não perante seus pares, mas ante o interesse erótico da "dama".

A ideia da "dama" foi concebida única e exclusivamente em razão de sua função dirimente. O masculinismo helênico está em estrito antagonismo com esta relação do vassalo e a "dama".

Com a passagem dos convencionalismos renascentistas ao intelectualismo cada vez mais desmilitarizado da cultura de salão verificou-se uma nova exaltação da índole especificamente sensível do erotismo. Não obstante, as notáveis diferenças existentes entre os convencionalismos antigos e os renascentistas, estes últimos foram essencialmente masculinos e agonísticos, e desse ponto de vista estiveram estreitamente ligados à Antiguidade. Isso foi assim porque na época do Cortesão e de Shakespeare os convencionalismos renascentistas haviam suprimido o ascetismo dos cavalheiros cristãos.

A cultura de salão fundamentava-se na crença de que a conversação intersexual resulta de valor como estímulo criativo. A sensação erótica manifesta o latente e a agonística prova do cavalheiro frente à dama se tornaram meios inevitáveis de incitação à conversação. Desde as *Lettres Portugaises* os autênticos problemas amorosos femininos adquiriram um valor próprio no mercado intelectual e a correspondência amorosa feminina passou a ser "literatura".

O último realce da esfera erótica foi verificado em termos de culturas intelectualistas. Ocorreu quando esta esfera tropeçou com a inevitável característica ascética do homem especializado e vocacional. Dada a tensão existente entre a esfera erótica e a vida racional cotidiana, a vida sexual extramarital, deliberadamente excluída das questões diárias, podia chegar a ser a única coisa que ainda vinculasse o homem à fonte natural de toda vida. Efetivamente, o homem havia chegado a liberar-se por inteiro do céu da primitiva e simples existência orgânica do camponês.

Disso resultou uma notável ênfase da sensação específica de que era possível uma salvação intramundana da racionalização.

Levada ao extremo, esta agradável vitória sobre a racionalidade promoveu, inevitavelmente e também de maneira extrema, uma oposição proveniente de toda ética de salvação ultra ou supramundana, de qualquer tipo que fosse. Para uma ética semelhante, a vitória do espírito sobre o corpo devia culminar justamente nesse ponto, e a vida sexual pode até mesmo ser interpretada como o vínculo único e inextirpável com a animalidade. Mas essa tensão entre uma salvação intramundana da racionalização e uma salvação ultramundana deve piorar e tornar-se inevitável justamente quando a esfera sexual está metodicamente preparada para uma sensação erótica muito estimada. Enquanto esta sensação reinterpreta e exalta a pura animalidade da relação, a religião de salvação constitui-se como uma religião de amor, fraternidade e amor comunal.

Nessas circunstâncias, a relação erótica parece satisfazer, em grau supremo, a exigência amorosa da fusão das almas de um com o outro. Essa entrega ilimitada de si mesmo só pode extremar-se na medida de sua oposição a toda funcionalidade, racionalidade e universalidade. Manifesta-se sob a forma do significado excepcional que, em sua irracionalidade, tem uma criatura para com outra, e só para essa outra em particular. Não obstante, da perspectiva do erotismo, esse significado, e com ele o conteúdo valorativo da própria relação, funda-se na possibilidade de uma comunhão que é vivida como uma inteira unificação, como anulação do "tu". Isto torna-se tão irresistível que é interpretado "simbolicamente": sacramenta-se. O amante se dá conta de que está ancorado no próprio centro da vida autêntica, eternamente intocado por toda empresa racional. Sabe que está liberado das mãos frias e esqueléticas do ordenamento racional, tão inteiramente como o está acerca da trivialidade da rotina diária. Esse saber do amante baseia-se em sua experiência própria e indestrutível. Não há como comunicar a experiência que, neste sentido, assemelha-se à "possessão" do místico. Isso é assim não só pela veemência da experiência do amante, mas também pela contingência da realidade possuída. Como sabe que está ligado à "própria vida", o amante considera as experiências do místico, segundo ele sem objeto, como a contemplação da luz débil de uma esfera irreal.

A total franqueza desse erotismo do intelectualismo tem, com o amor nobre, a mesma relação que o amor experimentado do homem maduro com a apaixonada exaltação do jovem. Contrariamente ao amor nobre, esse amor maduro do intelectualismo ratifica a propriedade natural da esfera sexual, mas conscientemente e concedendo-lhe um poder encarnado.

Isto é radicalmente refutado por toda ética religiosa de fraternidade. Para uma perspectiva ética semelhante, esta sensação de salvação íntima, terrenal, própria do amor maduro, é intensamente antagônica com a devoção a um Deus supramundano. Com a devoção a um ordenamento divino eticamente racional, ou com a devoção a uma exaltação mística da individualização, a única "autêntica" segundo a ética de fraternidade. Certas relações psicológicas entre ambas as esferas aprofundam a tensão entre religião e sexo. Psicológica e fisiologicamente, o erotismo extremo está em uma relação mutuamente substitutiva com algumas formas sublimadas de piedade heroica. Em contraste com o ascetismo racional, ativo, que repudia o sexual como irracional, e considerado pelo erotismo como seu inimigo poderoso e mortal, esta relação substitutiva está especificamente voltada para a fusão do místico com Deus. Tal relação supõe o risco permanente de uma vingança perigosamente sofisticada da animalidade, ou de uma queda imediata desde o reino místico de Deus ao reino do humano. Claro que essa analogia psicológica acrescenta o antagonismo entre os significados internos do erotismo e da religião.

Para toda ética religiosa de fraternidade a relação erótica deve continuar unida à brutalidade, sofisticada até certo ponto. Sua brutalidade é proporcional à sua sublimação. Fatalmente é considerada uma relação conflituosa. Esse conflito não é gerado só e nem sequer de maneira predominante, pelo zelo e o desejo de posse que exclui terceiros, mas resulta, em grande medida, da profunda e íntima coerção do espírito do participante menos brutal. A existência desta coerção era devida ao fato de que jamais foi observada pelos próprios participantes. Com o pretexto de ser a mais humana devoção, realiza o mais sofisticado gozo de si mesmo no outro. Toda comunhão erótica completada será julgada como resultado de uma misteriosa *predestinação* mútua: o destino, no mais elevado sentido da palavra, portanto, será julgada "legitimada" (em um sentido inteiramente amoral).

Para a religião de salvação, porém, esse "destino" não é senão o puro enaltecimento contingente da paixão. A religião de salvação deve considerar a mania patológica, a idiossincrasia e a separação de perspectivas e de toda justiça, assim instituídas, como a mais firme negação de todo amor fraternal e de todo vínculo com Deus. O entusiasmo do amante feliz é percebido como "bondade"; manifesta um generoso impulso a poetizá-lo por completo com características agradáveis ou a encantar todo o mundo em um ingênuo arrebatamento de difusão da felicidade. E sempre choca com o frio engano da ética da fraternidade radical e religiosamente fundado. Podemos mencionar aqui os fragmentos psicologicamente mais acabados da obra inicial de Tolstoi[1]. Desta perspectiva ética, o erotismo mais sublimado é o perfeito oposto de toda fraternidade religiosamente orientada, nas seguintes características: deve ser necessariamente excludente em sua essência interna; deve ser subjetivo no mais alto sentido concebível e deve ser absolutamente incomunicável.

Tudo isso se soma, ademais, ao fato de que, para a religião de fraternidade, a índole apaixonada do erotismo, como tal, significa uma desonrosa perda de controle e a perda de direção para a racionalidade e sabedoria das regras desejadas por Deus, ou para a "possessão" mística da divindade. Não obstante, a "paixão" verdadeira como tal, constitui, para o erotismo, o modelo de *beleza*, e menosprezá-la é um insulto.

Psicologicamente e de acordo com sua significação o delírio erótico só coincide com a forma de religiosidade orgiástica e carismática. Não obstante, em um sentido peculiar, esta forma é intramundana. O reconhecimento do *ato* matrimonial, da *copula carnalis*, como "sacramento" é, por parte da igreja católica, uma concessão a este sentimento. O erotismo cria sem dificuldades uma relação inconsciente e instável de substituição ou fusão com o misticismo ultramundano. Isso ocorre com uma tensão interior muito forte entre erotismo e misticismo, devido a que ambos são psicologicamente substitutivos. O colapso no orgiástico é uma consequência imediata desta fusão.

O ascetismo intramundano e racional (ascetismo vocacional) só podem validar o matrimônio regulado racionalmente. Esta classe de matrimônio é aceitável como uma das ordenações que Deus concede ao homem em razão de ser este uma criatura condenada sem solução por sua"concupiscência". No quadro deste ordenamento divino, o homem deve viver de acordo com os objetivos racionais fixados por Deus, e só de acordo com eles, ou seja, procriar e criar filhos, prestando-se ajuda mútua a fim de alcançar o estado de graça. Este ascetismo racional intramundano está constrangido a repudiar toda sofisticação do sexual no erotismo, julgando-a como idolatria da pior espécie. Paralelamente,

---

[1] Principalmente em *Guerra e Paz*, a posição da religião de salvação fica claramente estabelecida com Asevagosha. Incidentalmente digamos que, em essência, as conhecidas análises de Nietzsche em *Vontade de Potência*, são inteiramente coincidentes, não obstante – na realidade justamente devido à claramente reconhecida transvaloração de valores.

considera a sexualidade primária, natural e não sublimada do camponês, uma expressão da ordem racional do homem como criatura. Não obstante, qualquer fator "passional" é julgado como um remanescente da "Queda". Segundo Lutero, Deus contempla apenas de costas a estes fatores passionais e mostra-se benévolo com eles a fim de impedir o pior. Também o ascetismo racional ultramundano (ascetismo ativo do monge) repudia estes fatores passionais, e com eles a sexualidade em seu conjunto como um poder diabólico que põe em perigo a salvação. Provavelmente a ética dos quáqueres (tal como aparece na correspondência de William Penn à sua esposa) conseguiu encontrar uma interpretação autenticamente humana dos valores internos e religiosos do matrimônio. Desse ponto de vista, a ética quáquer superou a interpretação luterana, bastante grosseira, do significado do matrimônio.

De uma perspectiva exclusivamente intramundana, só a união matrimonial que valorize a mútua responsabilidade ética, – portanto, uma categoria heterogênea à esfera estritamente erótica – pode incorporar o sentimento de que o matrimônio possa significar algo único e elevado; que possa ser a transmutação do sentimento de um amor consciente de sua responsabilidade ao longo de todos os matizes do processo vital orgânico, "até o auge da velhice" e possa significar uma entrega mútua assim como o surgimento de uma mútua gratidão (no sentido de Goethe). Poucas vezes a vida oferece este valor em sua forma pura. Aquele a quem é concedido pode imputar à fortuna e graça do destino – não a seu "mérito" pessoal.

7. A ESFERA INTELECTUAL

O repúdio de toda entrega ingênua às modalidades mais intensas de experimentar a existência artística e erótica é, de per si, uma atitude negativa. Mas é manifesto que este repúdio poderia aumentar a força do fluxo de energias para a realização racional, tanto ética como exclusivamente intelectual. É necessário, porém, observar que a tensão de *in religio* torna-se maior e mais fundamentada quando esta entra em antagonismo com a esfera do conhecimento intelectual.

A tensão entre religião e conhecimento intelectual foi comprovada de modo acentuado cada vez que o conhecimento, empírico-racional colaborou firmemente no desencantamento do mundo e em sua transformação em um mecanismo causal. A ciência, então, contradiz o postulado ético de que o mundo é um cosmos ordenado por Deus e que, portanto, está *significativa e eticamente* guiado a alguma direção. Em princípio, uma concepção empirista do mundo, como também uma concepção matematizada do mesmo desenvolve uma refutação de todo ponto de vista intelectual que de uma ou outra maneira exija um "sentido" dos fatos intramundanos. Todo avanço do racionalismo dentro da ciência empírica afasta a religião da esfera racional, impulsionando-a para o irracional; mas só agora a religião tornou-se o poder sobre-humano irracional ou antirracional. Não obstante, é variável o alcance da consciência ou coerência na experiência deste antagonismo. A fórmula de Atanásio – em tudo carente de sentido se a julgamos de uma perspectiva racional – saiu vitoriosa em sua disputa contra a maioria dos filósofos gregos da época; não parece inconcebível, como foi dito, que seu propósito fosse obrigá-los a fazer um sacrifício intelectual explícito e a fixar um limite à disputa racional. Contudo, pouco depois até mesmo a Trindade foi argumentada e disputada racionalmente.

Em virtude dessa tensão, em aparência irredutível, tanto as religiões proféticas como as sacerdotais reiteradamente estabeleceram uma estreita relação com o intelectualismo racional. Quanto menos mágico ou puramente contemplativo é o misticismo, e quando maior é a "doutrina" que encerra uma religião, tanto mais se acrescenta a necessidade de apologias racionais. Os feiticeiros sempre foram os clássicos guardiões dos mitos e sagas heróicas, pois colaboravam na instrução e educação dos jovens guerreiros, com o propósito de prepará-los para o êxtase e o renascimento heróicos. Os sacerdotes como únicos agentes aptos para a preservação da religião, herdaram daqueles a instrução Jurídica e com frequência até mesmo a instrução técnica exclusivamente administrativa dos jovens; em especial, ocuparam-se de instruí-los na escrita e no cálculo. A paulatina conversão da religião em religião de livros e doutrina acrescentou sua índole literária e sua eficácia para promover um pensamento laico racional, independente do controle sacerdotal. Entre os pensadores leigos surgiram os profetas, hostis aos sacerdotes; também os místicos, que buscavam a salvação sem recorrer a sacerdotes e sectários e, finalmente, os céticos e os filósofos inimigos da fé.

Contra isso se reagiu mediante uma racionalização da apologética sacerdotal. O ceticismo antirreligioso como tal encontrou representantes na China, no Egito, nos Vedas, na literatura judaica posterior ao exílio. Em princípio, não diferiu da atual; quase não foram agregados novos argumentos. Portanto, o primeiro problema apresentado ao poder sacerdotal foi o da monopolização da educação dos jovens.

O desenvolvimento da racionalização da administração pública tornou possível um aumento do poder sacerdotal. No Egito e na Babilônia, na primeira época, o sacerdócio foi o provedor exclusivo de escribas para o Estado. O mesmo ocorreu no caso do soberano medieval ao começar a administração fundamentada em documentos. Entre os grandes sistemas pedagógicos, só o confucionismo e a antiguidade mediterrânea conseguiram evitar o poder sacerdotal. No caso do confucionismo isto foi possível em virtude de sua vigorosa burocracia estatal; no que diz respeito à antiguidade mediterrânea, foi possível graças à completa ausência de uma administração burocrática. Em ambos os casos, foi a própria religião sacerdotal quem ficou suprimida ao retirar os sacerdotes da educação. Mas são apenas exceções, pois eram os sacerdotes que normalmente proporcionavam e regulamentavam o pessoal educativo.

Não foram apenas esses reais interesses sacerdotais que colaboraram com as sempre renovadas relações entre a religião e o intelectualismo; também contribuiu para isso a compulsão interna da índole racional da ética religiosa e o desejo de salvação especificamente intelectualista. Porque embora, em razão de sua própria infraestrutura psicológica e intelectual e de suas consequências práticas, cada religião elabora uma atitude peculiar frente ao intelectualismo, nenhuma permitiu o desaparecimento desta essencial tensão interna. Efetivamente, a tensão surge da inevitável disparidade entre formas essenciais das concepções do mundo.

Não existe absolutamente nenhuma religião "incólume", que atue como força vital e que não se veja constrangida a exigir em *determinado* momento o "sacrifício do intelecto", o *credo non quod, sede quia absurdum*.

Quase não é necessário e até seria impossível examinar minuciosamente as fases da tensão entre religião e conhecimento intelectual. A religião de salvação defende-se do ataque do entendimento auto-suficiente. Claro que o faz com fundamento, argumentando que o conhecimento religioso tem lugar em um nível diferente e que por sua índole e significação difere inteiramente das realizações do entendimento. A religião só procura prover-se de uma atitude definitiva frente ao mundo a partir de uma compreensão imediata de seu "sentido", e não um conhecimento intelectual acerca do que é ou deveria ser. Não aspira compreender o sentido do mundo mediante o entendimento, mas mediante um carisma de iluminação. Supõe-se que esse carisma só seja concedido àqueles que utilizam a técnica adequada e se libertam dos substitutos enganosos e distorcedores apresentados como conhecimento pelas obscuras impressões sensitivas e as vazias abstrações do entendimento. A religião crê que esses substitutos são realmente irrelevantes para a salvação. Supõe que o homem religioso que se livra deles fica disposto a acolher em si a suprema percepção do sentido do mundo e de sua própria existência. A religião de salvação considera que todas as tentativas filosóficas de demonstração do sentido último, assim como a atitude prática derivada dessa percepção, não expressam senão o desígnio do entendimento de iludir sua própria e legítima autonomia. Semelhante consideração merecem as tentativas filosóficas de consentir a um conhecimento intuitivo que, ainda que interessado no "ser" das coisas, possui uma dignidade essencialmente diferente da do conhecimento religioso. Em particular, a religião considera tudo isso como uma consequência própria do racionalismo, ao que o intelectualismo tanto deseja evitar mediante estes procedimentos.

Mas levando em consideração sua própria perspectiva, também à religião de salvação se deve imputar violações igualmente incoerentes, à medida que se entrega à incomunicabilidade ilimitada das experiências místicas. Coerentemente, essa religião só pode dispor de meios para apresentar as experiências místicas como acontecimentos; não dispõe dos meios para comunicá-las e demonstrá-las adequadamente. Toda tentativa de atuar sobre o mundo, por parte da religião mística, deve representar um impulso arriscado a partir do momento em que essa tentativa torna-se uma propaganda. Algo semelhante pode ser dito de qualquer tentativa de decifrar racionalmente o sentido do mundo; não obstante, isso foi tentado reiteradamente.

Os postulados religiosos podem entrar em antagonismo com o "mundo" a partir de diversos pontos de vista, e a perspectiva implicada sempre é de grande relevância para determinar a direção e o modo como se deve buscar a salvação. Sempre e em todas as partes, a necessidade de salvação – conscientemente promovida como elemento essencial da religiosidade – nasce do esforço de racionalizar sistemática e praticamente as realidades vitais. Claro que essa relação tem persistido com graus de clareza diversa. Neste sentido, todas as religiões reclamam, como premissa específica, que o curso do mundo fora *significativo* em algum sentido, pelo menos na medida em que incide sobre os interesses humanos. Como já vimos, esta exigência manifestou-se primeiramente sob a forma do problema comum do sofrimento imerecido e, portanto, como postulado da reta compensação pela partilha desigual da felicidade individual no mundo. Desde então, a exigência tendeu a desenvolver-se gradualmente para uma desvalorização sempre crescente do mundo. Efetivamente, quanto maior era a aplicação do pensamento racional ao problema de uma compensação reta e retributiva, tanto menos podia-se vislumbrar a possibilidade de uma solução inteiramente intramundana, e tanto menos provável, ou mesmo significativa, podia resultar uma solução ultramundana.

As aparências indicam que esse postulado da compensação tem inquietado minimamente o verdadeiro curso do mundo. A desigualdade, eticamente injustificável, da partilha da felicidade e da miséria para a qual pareceu concebível uma compensação continuou sendo irracional e o mesmo aconteceu com o fato cruel e violento da existência do sofrimento. Efetivamente, a propagação do sofrimento só poderia ser substituída com outro problema mais irracional ainda, o problema da origem do pecado que, conforme as doutrinas dos profetas e sacerdotes, deve explicar o sofrimento como um castigo ou um instrumento disciplinatório. Um mundo criado para a consumação do pecado deve resultar, do ponto de vista ético, ainda menos perfeito que um mundo condenado ao sofrimento. De qualquer maneira, a irrestrita imperfeição deste mundo ficou solidamente assentada como postulado ético, e só à luz desta imperfeição pareceria que a insignificância do mundo não adquirira significado e um princípio de justificação. Mas esta justificação poderia gerar um desprezo ainda maior pelo mundo.

Pois o que resultou ser transitório não foi só, ou pelo menos principalmente, o inútil. O fato de que a morte e a ruína, com suas consequências igualadoras, recaem sobre os homens bons e as obras boas, tanto como sobre os maus, poderia ser interpretado justamente como uma humilhação dos mais altos valores mundanos, depois da concepção de uma eterna duração do tempo, de um Deus eterno e de uma ordem eterna. Por essa razão, os valores – e justamente os valores mais estimados – foram consagrados como "eternamente" válidos. Portanto, sua efetivação na "cultura" foi considerada independente da duração temporal de sua concreção. Isso possibilitou um maior aprofundamento da refutação ética do mundo empírico. Efetivamente, então, pode incorporar-se ao horizonte religioso uma série de ideias muito mais significativas que a imperfeição e insignificância do mundano, já que com estas ideias podiam ser denunciados com eficácia precisamente aqueles "valores culturais" que, geralmente, possuem maior relevância.

Esses valores fortaleceram o estigma de um pecado mortal, de um peso de culpa inevitável e específico. Demonstraram estar vinculados ao carisma da mente ou do gosto. Seu cultivo pareceu inevitável com o objeto de supor modos de existência contrários à exigência de fraternidade, e que só mediante uma autodecepção poderiam acomodar-se a essa exigência. Os limites da educação e o cultivo estético constituíam a diferença de *status* mais íntima e mais inalcançável. A culpa religiosa poderia ser considerada agora não só como um concomitante momentâneo, mas também como elemento integrante de toda cultura, de todo comportamento em um mundo civilizado e, finalmente, de toda vida organizada em geral. E, desse modo, os valores essenciais que este mundo proporciona foram vistos com a mais alta culpa.

Não há dúvida de que toda vez que a ordem externa da comunidade tornou-se uma comunidade cultural do Estado, esta só pode ser mantida por meio da força bruta, a qual só nominal e esporadicamente ocupou-se da cultura ou, no máximo, tanto como lhe permitiram as razões de Estado. Essa força promoveu, inevitavelmente, novos atos de violência contra os inimigos externos e internos; por outro lado, deu lugar a escusas desonestas para tais ações. Portanto, foi baseada em uma aberta carência de amor ou, o que deve parecer ainda pior, em um desamor hipocritamente oculto. O cosmos econômico rotinizado, e consequentemente a modalidade racionalmente superior do abastecimento de bens materiais necessário para toda cultura mundana, foi uma estrutura essencialmente carente de amor. Qualquer tipo de atividade dentro do cosmos estruturado foi implicada na mesma culpa.

O amor sexual foi invariavelmente unido a uma violência encoberta e sublimada, a uma mentalidade incompatível com a fraternidade e também a desvios fantasiosos de um sentido equitativo das proporções. Quanto mais vigoroso é o desenvolvimento das forças do amor sexual, tanto menor é sua compreensão por parte dos participantes e tanto mais encobertas estão de maneira farisaica. A religiosidade ética vinha apelando ao conhecimento racional, mas este, em seu desdobramento, seguiu seus próprios princípios autônomos intramundanos, de tal modo que o cosmos elaborado por este conhecimento invariavelmente opôs-se à exigência da ética racional de descobrir um "sentido" geral do mundo. A causalidade natural do puro conhecimento racional e o universo postulado de uma causalidade ética, compensatória, tornaram-se mutuamente incongruentes.

Apesar de a ciência ter configurado esse cosmos de causalidade natural, não pôde elucidar com segurança seus próprios pressupostos essenciais. Não obstante, a ciência pretendeu, em nome da "integridade intelectual", ser a única possível concepção racional do mundo. O intelectual, analogamente a todos os valores culturais, configurou uma aristocracia fundada na possessão de uma cultura racional desligada de qualquer atributo ético pessoal do indivíduo. Essa aristocracia do intelecto é, por conseguinte, uma aristocracia não fraternal. Para o homem mundano esta possessão de cultura foi o bem mais alto. Não obstante, junto ao peso da culpabilidade ética, este valor cultural estava impregnado de algo que o reduziu de um modo quase definitivo, a saber, a falta de sentido, à medida que este valor cultural fosse apreciado com base em suas próprias pautas.

Para o pensamento religioso não tem sentido a perfeição exclusivamente mundana do homem que busca a realização da "cultura" como valor essencial; e o pensamento religioso chega a essa conclusão pela evidente carência de sentido da morte que se manifesta nessa busca puramente mundana. E, desse modo, a morte sem sentido aparece como o cumprimento mais adequado da falta de sentido da própria vida.

O camponês, como Abraão, podia morrer "saciado da vida". Outro tanto podiam fazer o senhor feudal e o herói guerreiro. Todos estes, com efeito, haviam cumprido um ciclo de sua existência que já não podiam ultrapassar. Mas isto não é possível para o "homem culto" que busca a própria perfeição possuindo ou produzindo "valores culturais". Pode estar "cansado de viver", mas não pode chegar a estar "saciado de viver", no sentido de culminar um ciclo, já que, justamente a perfectibilidade de um homem de cultura é um progresso indefinido, assim como o progresso dos valores culturais. E o espaço que pode abarcar o homem de cultura, seja como receptor, seja como produtor, no curso de uma vida finita, é insignificante em comparação com a diversidade e a hierarquia inumerável dos valores culturais e dos objetivos de autoperfeição. Por conseguinte, a alienação do indivíduo no infinito da cultura só pode oferecer uma mínima probabilidade de assimilar a cultura, seja em seu conjunto, seja no que se pode considerar "essencial" desta. Além do mais, não há um critério definitivo para decidir este último. Por conseguinte, cada vez é mais improvável que a "cultura" e a busca da cultura possam ter um sentido intramundano para o indivíduo. Claro que a "cultura" do indivíduo não radica na acumulação de "valores culturais", mas na seleção coerente desses valores. Porém não há nenhuma certeza de que esta seleção adquiriu uma finalidade que possa ter um sentido para ele no instante "acidental" de sua morte. Poderia até mesmo dizer adeus à vida com um gesto nobre:

"Já basta, a vida me deu (ou negou) tudo o que dava um valor *para mim*. Para a religião de salvação, esta posse orgulhosa é uma blasfêmia inútil dos modos de vida e destinos dispostos por Deus. As religiões de salvação não aprovam positivamente a "morte por obra própria", quer dizer, uma morte só exaltada pela filosofia.

Nesse sentido, toda "cultura" se manifesta como a liberação do homem acerca do ciclo natural organicamente determinado. Por esta razão, todo avanço da cultura parece estar condenado a levar à uma falta de sentido cada vez mais destrutiva. A expansão dos valores culturais parece tornar-se um insano vagar subordinado a objetivos inúteis, nulos e mutuamente contraditórios. O avanço dos valores culturais torna-se tanto mais absurdo quanto mais aparece como uma missão sagrada, uma "vocação".

A cultura manifesta-se cada vez mais absurda, enquanto foco de imperfeição, de injustiça, de dor, de pecado, de banalidade. Desse modo, a cultura está carregada de culpa e sua evolução e diversificação tornam-se inevitavelmente cada vez mais absurdas. Em um sentido exclusivamente ético, o mundo aparece como desengonçado e desvalorizado do ponto de vista da premissa religiosa de um "sentido" divino da existência. Esta desvalorização procede do antagonismo existente entre a postulação racional e a realidade, entre a ética racional e os valores, parcialmente racionais e parcialmente irracionais. A exigência de "salvação" resulta dessa desvalorização, tornando-se cada vez mais ultramundana, sendo perdida cada vez mais toda forma de vida institucionalizada e, simultaneamente, acomodando-se à essência religiosa específica. Essa reação é fortalecida à medida que se sistematiza a concepção do "sentido" do universo e se racionaliza a estruturação externa do mundo e se sublima a experiência lúcida dos elementos racionais do mundo. E essa consequência não só foi produzida pelo pensamento teórico e seu desencantamento do mundo, mas também pela própria tentativa da ética religiosa de racionalizar prática e eticamente o mundo.

As tentativas determinadas de salvação, intelectuais e místicas, em seu enfrentamento com estas tensões, terminam por ceder ao domínio mundial da não fraternidade. Por um lado, seu carisma não está ao alcance de todo o mundo. Por conseguinte, em seu propósito, a salvação mística equivale cabalmente a uma aristocracia; é uma religiosidade de salvação aristocrática. E, no seio de uma cultura racionalmente instituída para uma vida cotidiana profissional, quase não há lugar para o desenvolvimento de uma fraternidade acósmica, a não ser entre os grupos livres de preocupações econômicas. Nas circunstâncias técnicas e sociais da vida racional, uma vida ao modo das de Buda, Jesus ou São Francisco, parece estar destinada ao fracasso por causas exclusivamente externas.

8. Os três tipos de teodiceia

As éticas de redenção, específicas do passado, exerceram sua rejeição do mundo em instâncias muito diversas deste ordenamento instituído de uma maneira puramente racional. Os múltiplos fatores concretos que condicionaram isto são impossíveis de determinar mediante uma tipologia teórica. Além desses fatores, há um elemento racional, a saber, a configuração de uma *teodiceia* especial. A exigência metafísica surgiu com base na certeza de tensões inevitáveis, e tratou de encontrar, por meio da teodiceia, um sentido geral apesar de tudo.

No capítulo anterior citamos os três tipos de teodiceia que consideramos como únicos coerentes; entre estes, o *dualismo* seria satisfatório para essa exigência. O dualismo sustenta que os poderes da luz e da verdade, da pureza e do bem sempre coexistem e lutam contra os poderes das trevas e da falsidade, da impureza e do mal. Esse dualismo, em definitivo, só representa a sistematização depurada do polimorfismo mágico dos espíritos com sua divisão em espíritos bons (úteis) e maus (prejudiciais), os quais simbolizam os períodos prévios do conflito entre deidades e demônios.

O modo mais coerente em que se efetivou essa concepção foi na religiosidade profética do mazdeísmo. Aqui o dualismo começou com a oposição mágica entre "puro" e "impuro". Todas as virtudes e vícios se distribuem nessa oposição. Isso implicava renunciar à onipotência de um Deus cujo poder estava praticamente limitado pela existência de um grande antagonista. Atualmente, os seguidores contemporâneos (os parsis) abandonaram esta crença, pois não podiam suportar essa limitação do poder divino. Na escatologia mais articulada, o reino da pureza e o mundo da impureza, de cuja mescla surgia o mundo empírico difuso, se constituíram repetidamente em dois mundos independentes. Não obstante, as expectativas escatológicas mais modernas fazem triunfar o deus da pureza e da benevolência, assim como o cristianismo faz triunfar o Salvador sobre o demônio. Essa forma de dualismo reduzido representa a concepção popular universal do céu e do inferno, a qual restitui o império de Deus sobre o espírito mau que é sua criatura e, deste modo, crê resguardar a onipotência divina. Mas, então, *velis nolis*, franca ou tacitamente, deve excluir parte do amor divino. Já que se se conserva a onisciência, a criação de um ente de maldade radical e a admissão do pecado, simplesmente não se coaduna com o amor divino, particularmente quando aparecem combinadas com a eternidade dos castigos infernais para as criaturas finitas, e pelos pecados finitos. Aqui seria apropriada apenas uma renúncia à benevolência.

A fé na predestinação efetiva esta renúncia, de fato e com total congruência. A declarada incapacidade do homem para entender os desígnios de Deus representa a renúncia à possibilidade do homem de descobrir algum sentido do mundo. Essa renúncia terminou com todas as questões desta índole. Fora do círculo dos exemplares virtuosos, a fé nesta predestinação não foi tolerada nem total, nem permanentemente. Isto ocorreu em virtude da fé na predestinação – diferentemente da fé no poder irracional do "destino" – que exige a pressuposição de um destino providencial e, consequentemente, em certo modo racional para os condenados, não só à perdição, mas também ao mal, uma vez que exige o "castigo" dos condenados e, assim, a aplicação de uma categoria ética.

O dualismo mazdeísta interessa pela influência que as ideias persas do juízo final e também a doutrina dos demônios e dos anjos exerceram sobre o judaísmo. Estas influências revestem o mazdeísmo de uma importante significação histórica.

A terceira forma de teodiceia que mencionaremos foi própria da religiosidade dos intelectuais indianos. É relevante por sua coerência e por seu excepcional alcance metafísico: vincula a redenção de tipo virtuoso por meio do próprio poder do homem com a possibilidade universal da salvação, a mais estrita rejeição do mundo com a ética social orgânica, e a contemplação como meio supremo de salvação com uma ética vocacional intramundana.

Capítulo III

PROTESTANTISMO E CAPITALISMO

Nos Estados Unidos existe, há algum tempo, um começo de "separação entre a igreja e o Estado". Essa separação se dá de um modo estrito, já que nem sequer há um censo oficial de cultos, pois se estimaria como uma violação da lei o fato de o Estado indagar dos cidadãos a que confissão pertencem. Aqui não nos ocuparemos da significação prática desse princípio da relação entre instituições religiosas e o Estado[2]. Importa-nos antes a circunstância de que há apenas uns vinte cinco anos a quantidade de "pessoas sem filiação religiosa" era calculada em uns 6% nos Estados Unidos; e isso apesar da ausência destes estímulos

---

[2] Com frequência o princípio não é mais que teórico. É preciso perceber a importância do voto católico, e também os subsídios às escolas profissionais.

bastante eficazes que a maioria dos países europeus tem proporcionado à afiliação a determinadas igrejas privilegiadas e apesar da grande imigração que entrou nos Estados Unidos.

Por outro lado, seria preciso considerar que, nos Estados Unidos, a afiliação a uma igreja significa uma carga de contribuições muito superior, particularmente para os pobres, à que se usa na Alemanha. Disso dão provas as contribuições familiares que foram publicadas e, pessoalmente, comprovei muitos casos graves em uma cidade localizada junto ao lago Erie, a qual era formada quase totalmente por madeireiros imigrantes alemães. Suas contribuições normais para fins religiosos chegavam a quase oitenta dólares anuais, sobre um total de uns mil dólares de entrada anual em média. Sabemos que na Alemanha mesmo uma mínima parte deste encargo financeiro provocaria um êxodo em massa da igreja. Mas prescindindo disso, todo aquele que tenha visitado os Estados Unidos há quinze ou vinte anos, ou seja, antes que começasse a recente europeização do país, não poderia ter deixado de notar a grande preocupação religiosa que predominava então em todas as zonas ainda não ocupadas por imigrantes europeus.[3] A maioria dos velhos livros de viagens mostram que em uma época passada, na América do Norte, não havia discrepâncias a respeito da preocupação eclesiástica, ao contrário do que ocorreu nas últimas décadas, e que essa preocupação era inclusive mais forte. Aqui importa-nos particularmente um aspecto específico do problema.

Faz apenas uma geração[4], quando o comerciante se instalava e iniciava seus primeiros contatos sociais, era-lhe feita a pergunta: "Que religião você professa?". Isso era feito com discrição e de uma maneira aparentemente adequada, mas é óbvio que a pergunta nunca era casual. Essa velha tradição ainda se manteve no Brooklyn e mesmo em comunidades menos expostas à influência da imigração. Esta pergunta evoca a típica *table d'hôte* (mesa redonda em uma casa familiar) escocesa, na qual, há apenas uns vinte cinco anos, o europeu era quase interpelado deste modo por alguma dama: "Que culto tem assistido?" Ou em outro

---

[3] O fato de que todas as deliberações da Suprema Corte dos Estados Unidos, e também de todas as Convenções partidárias começarem com uma oração, foi durante bom tempo um fastidioso cerimonial.

[4] N.T.: Por volta de 1900.

caso, se ao europeu se reservasse a cabeceira da mesa, como convidado! Se maior de idade, ao servir a sopa o criado principal lhe sugeriria: "Senhor, por favor, a benção". Um belo domingo passei por esta situação em Portree (Skye), e a única coisa que me ocorreu foi dizer: "Pertenço à *Badische Landeskirche* e não consegui encontrar uma igreja de minha religião em Portree". As senhoras se manifestaram satisfeitas com minha resposta e comentaram: "Oh! Só assiste aos cultos de sua própria religião".

Um exame mais detalhado do problema, no caso dos Estados Unidos, nos mostrará que a questão da afiliação religiosa surgia quase sempre na vida social e comercial em conexão com as relações permanentes e de crédito. Não obstante, como já indiquei, as autoridades norte-americanas jamais tratavam de averiguar as causas da situação.

Previamente, alguns exemplos pessoais nos permitiram enfocar melhor o problema. No curso de uma longa viagem de trem, por um território americano ainda dominado pelos índios, estive sentado ao lado de um viajante comercial dedicado à venda de artigos metálicos para funerárias; mencionei de modo casual a grande preocupação religiosa que impera nos Estados Unidos. O viajante comentou: "Senhor, não me importa que creiam nisto ou naquilo, mas não daria nem cinquenta centavos de crédito a um fazendeiro que não pertencesse a alguma igreja. Se não crêem em nada, também não me pagarão". De qualquer maneira este motivo era um tanto confuso.

A questão ficou um pouco mais clara com a anedota que um laringologista alemão me contou que dizia ter se estabelecido em uma grande cidade às margens do rio Ohio. Recebia seu primeiro paciente, que se sentou na maca para ser examinado com um refletor nasal. De imediato o paciente se pôs de pé e disse enfaticamente e com dignidade: "Doutor, eu pertenço à igreja Batista de... que fica situada na rua..." O laringologista não pode entender que relação podia ter esta observação com a enfermidade nasal e seu tratamento. Em seguida, falou discretamente do assunto a um colega norte-americano e este lhe explicou sorridente que as palavras do paciente sobre sua religião só tinha o seguinte significado: "Não se preocupe pelos honorários." Mas, porque tinham que significar isto precisamente? Uma terceira anedota pode esclarecer ainda mais a questão.

Uma tarde de um belo e ensolarado domingo do início de outubro fui a uma cerimônia de batismo em uma congregação batista. Assisti junto com parentes que tinham uma granja nos montes escarpados que ficavam a algumas milhas de M. (capital do distrito), na Carolina do Norte. O batismo devia realizar-se em uma pia cujas águas procediam de um fluxo que descia dos montes Blue Ridge, visíveis ao longe. Fazia frio e durante a noite havia geado. Os familiares dos granjeiros estavam reunidos ao redor do tanque, nas ladeiras das colinas; haviam chegado até ali em suas frágeis carroças de duas rodas, alguns de muito longe, outros das proximidades.

O pastor, vestido com um traje negro, submergiu até a cintura no tanque. Uma vez concluídos os preparativos, cerca de dez pessoas de ambos os sexos, vestidas com suas melhores roupas de domingo, entravam sucessivamente na água, manifestaram sua fé e logo submergiram completamente; as mulheres o faziam nos braços do pastor. Saíram, tremendo e estremecidos sob suas roupas ensopadas, e todos os presentes os "felicitavam". Rapidamente cobriam-se com mantas e regressavam para casa para junto de suas calefações. Um de meus parentes observou que a "fé" oferece eficaz proteção contra os resfriados. Outro parente que estava parado junto a mim, e que não era religioso, contemplava a cerimônia depreciativamente, como corresponde à tradição alemã. "Ei, Bill", interrogou a um dos batizados, "estava fria a água?", ao que Bill respondeu seriamente: "Jeff, me veio à lembrança um lugar bastante quente (o inferno!) e por isso não me importei com a frieza da água". Na imersão um dos jovens desconhecidos de meu parente disse: "Veja, eu já sabia". Quando depois da cerimônia, lhe perguntei: "Por que você previu o batismo deste homem?", e ele respondeu: "Porque quer abrir um banco em M." Ele havia perguntado se existiam tantos batistas de modo que isso pudesse ajudar-lhe a ganhar a vida, e me disse: "De modo nenhum, mas após ser batizado, toda a região o aprovará e ninguém poderá competir com ele".

Sucessivas perguntas de "como" e "porquê" me levaram à seguinte conclusão: o ingresso na congregação batista local é verificado após um estrito "período de prova" e ao final de pequenas investigações referentes ao comportamento do solicitante desde sua primeira infância (Se tinha comportamento devasso? Frequentava tabernas? Bailes?

Teatros? Jogava cartas? Cumpria corretamente com suas obrigações? Outras frivolidades?). A congregação continuava observando fielmente a tradição religiosa.

O ingresso na congregação era interpretado como uma garantia absoluta das virtudes morais de um cavalheiro, em especial das requeridas para os negócios. O batismo assegurava ao indivíduo os depósitos de toda a região e crédito irrestrito, sem nenhuma competência. Transformava-se em um "homem de fato". Outras observações ratificaram que esse fenômeno, ou pelo menos outros muito parecidos, ocorriam nas mais diversas regiões. Geralmente, só os homens que faziam parte de *seitas* metodistas, batistas ou outras, ou de congregações sectárias, alcançavam êxito nos negócios. O integrante de uma seita que se mudava para outra região, ou o viajante de comércio, levava consigo o certificado de sua congregação; isso não só favorecia sua relação com os integrantes da seita mas, fundamentalmente, dava-lhe crédito em qualquer parte. Se por culpa alheia sofria dificuldades econômicas, a seita resolvia seus compromissos, dava garantia aos credores e lhe prestava ajuda indiscriminada frequentemente segundo o preceito bíblico, *mutuum date nihil inde sperantes* (Lucas, 6.35).

Não obstante, ainda que os credores confiassem em sua seita, por motivos de prestígio, isso impediria que eles fossem economicamente prejudicados por culpa de um de seus integrantes, essa não era a razão determinante das oportunidades outorgadas a este. O determinante era o fato de que uma seita suficientemente honorável só incorporaria como integrantes a pessoas cujo "comportamento" evidenciasse, com toda clareza, sua idoneidade moral.

O fato de que pertencer a uma seita implique uma certificação de idoneidade moral, e especialmente de moral comercial, é de uma relevância decisiva para o indivíduo. Essa situação é bem diferente da do indivíduo que faz parte de uma "igreja" – na qual "nasceu" e que concede sua graça, e por igual, a justos e pecadores. Na prática, uma igreja é uma sociedade que organiza a graça e distribui os dons religiosos de graça à maneira de uma instituição. Posto que, em princípio, pertencer à igreja é obrigatório, ela não demonstra nada acerca das virtudes de cada integrante. Mas uma seita é uma comunidade voluntária constituída apenas por quem demonstra, conforme os seus princípios, suficiente idoneidade religiosa e moral. Sem uma solicitação é voluntariamente aceita, em razão de uma prova religiosa, a pessoa em questão incorpora-se voluntariamente à seita.

Claro que está empiricamente verificado que com frequência, e justamente na América do Norte, a competição entre as seitas, parcialmente motivada pelos interesses materiais dos pastores, conduziu a um notável debilitamento da seleção. Portanto, ocorreu frequentemente que as seitas formalizaram pactos inclinados a limitar o proselitismo. Esses pactos foram realizados, por exemplo, com a finalidade de dificultar o matrimônio de pessoas que haviam se divorciado por razões que, da perspectiva religiosa, eram insuficientes. As associações religiosas que favoreciam um novo matrimônio eram sumamente atrativas. Diz-se que ocasionalmente algumas organizações batistas mostraram-se laxas neste sentido, enquanto que a igreja católica e também a luterana (Missouri) eram elogiadas por sua estrita retidão. Mas esta retidão, aparentemente, fez diminuir o número de adeptos de ambas as igrejas.

Ser expulso de uma seita por agravos morais significa, economicamente, a perda de crédito, e socialmente, o deslocamento. Múltiplas observações efetuadas durante os meses seguintes não só corroboraram a rápida dissipação da inquietude religiosa como tal, mas também esse traço particularmente relevante já indicado. Nas regiões metropolitanas me confessou espontaneamente, em várias oportunidades, que frequentemente os especuladores de terrenos não urbanizados agiam da seguinte maneira: levantavam uma igreja, geralmente bastante humilde, logo contratavam um candidato proveniente de um dos muitos seminários teológicos, pagavam-lhe entre 500 e 600 dólares e lhe prometiam uma esplêndida situação como pastor vitalício se conseguisse organizar uma congregação e "encher" assim o terreno com seus sermões. Eles me mostraram estruturas obsoletas em forma de igreja indicadoras de outros tantos fracassos. Não obstante, se comentava que em quase todos os casos os pastores haviam triunfado. Ligas locais, uma escola dominical, etc., eram julgadas imprescindíveis pelos novos residentes, mas estes necessitavam fundamentalmente de vizinhos "moralmente" confiáveis, com quem podiam relacionar-se.

A competência entre as seitas progrediu energicamente devido, entre outras coisas, à classe de estímulos materiais e espirituais que as congregações ofereciam nos chás. Os musicais noturnos, no caso das igrejas pagãs, faziam parte dessa competência. (Um tenor da igreja da Trindade, em Boston, que aparentemente só cantava aos domingos, recebia naquele tempo 8.000 dólares.) Não obstante, esta acentuada competência as seitas costumavam ter relações aceitavelmente boas. Assim, no culto de uma igreja metodista que assisti, aconselhava-se a cerimônia batista do batismo, que antes relatei, como um espetáculo edificante para todos. Geralmente, as congregações se negavam totalmente a escutar sermões relativos ao "dogma" e às distinções confessionais e aceitavam apenas uma "ética". As oportunidades em que ouvi sermões dirigidos às classes médias, pregavam-se a clássica moralidade burguesa, naturalmente respeitável e consistente, e de uma modalidade muito doméstica e cortesã, mas com uma forte convicção interior. Em muitas ocasiões o pastor mostrava-se emocionado.

Na atualidade quase não importa a que classe de seita se pertença. Não importa que seja francomaçom[5], cristão científico, adventista, quáquer ou qualquer outra coisa. O importante é que o ingresso tenha sido determinado por "votação" após um *exame* e uma *prova* ética, no sentido das virtudes relevantes para o ascetismo terrenal do protestantismo e, consequentemente, para a antiga tradição puritana. A observância destas condições sempre produzia as mesmas consequências.

Um exame mais cuidadoso evidenciou o avanço ininterrupto do típico processo de "secularização" que, em nossos tempos modernos, sofre a totalidade dos fenômenos nascidos de concepções religiosas. Um olhar atento descobriria admirado (mesmo há quinze anos) que uma surpreendente quantidade de homens da classe média norte-americana (sempre fora dos modernos setores metropolitanos e dos centros de imigração) portava no bolso da camisa um pequeno distintivo (de diversas cores) lembrando muito a roseta da Legião de Honra francesa. Ao inquirir sobre seu significado sempre mencionavam-me alguma associação, em certas ocasiões com um nome aventureiro e fantástico. Deduzi que seu significado e finalidade consistiam no seguinte:

---

5   Um assistente do departamento de línguas semíticas de uma universidade do leste me confessou que lamentava não haver chegado a "mestre", pois nesse caso poderia retomar seus negócios. Ao perguntar-lhe qual era a utilidade disso respondeu-me que, sendo viajante de comércio ou vendedor, isso lhe facilitaria a apresentação em uma função reconhecida por sua respeitabilidade. Estaria em condições de superar a qualquer concorrente e teria seu peso em ouro.

na maioria dos casos, independente de diversos serviços, a associação atuava como um seguro funerário. Mas com frequência e geralmente nas regiões mais preservadas da desintegração moderna, a associação proporcionava ao adepto o direito (ético) de receber ajuda fraternal dos irmãos cujos meios de vida eram suficientes. Tinha esse direito disponível para o caso de sofrer uma queda econômica cuja responsabilidade não poderia ser-lhe imputada. E em alguns casos que conheci também este direito seguia o princípio do *mutuum date nihil sperantes*, ou pelo menos predominava um mínimo interesse. Aparentemente os adeptos à irmandade aceitavam alegremente esse direito. Também – e este é o núcleo desta questão – o direito de associação era adquirido mediante votação, após uma investigação e determinação de valor moral. O distintivo no peito significava, pois, "sou um cavalheiro certificado, fui investigado, colocado à prova, e minha qualidade de adepto está garantida". Também neste caso, particularmente no âmbito comercial, isto significava um fidedigno *merecimento de crédito*. Era possível notar que, usualmente, esta legitimação exercia uma notória influência sobre as oportunidades de negócios.

Todos esses fenômenos, que tinham a aparência de estar no caminho para uma rápida decomposição – pelo menos as associações religiosas –, limitavam-se especialmente às classes médias. Frequentemente os norte-americanos cultos descartavam sumariamente estes fatos classificando-os desdenhosamente de "charlatanice" ou atraso, chegando inclusive a negá-los; segundo me assegurou William James, a maioria os desconhecia. Essas reminiscências, contudo, ainda persistiam em muitos lugares e frequentemente em modalidades que pareciam grotescas.

Essas organizações eram, em particular, os clássicos meios de ascensão social e incorporação ao círculo da classe média empresarial. Eram úteis para a propagação e conservação do *ethos* do negócio capitalista burguês entre os amplos setores das classes médias, incluindo os fazendeiros.

Como se sabe, grande parte – poderíamos mesmo afirmar que a maioria da velha geração – dos "promotores", "capitães de indústrias", multimilionários e magnatas dos *monopólios* norte-americanos aderiram formalmente às seitas especialmente às batistas. Não obstante, segundo a situação, era corrente que essas pessoas aderissem por motivos puramente convencionais, como acontecia na Alemanha, e só com o propósito de legitimar-se na vida pessoal e social – não com o propósito de legitimar-se como comerciantes –; durante o período dos puritanos, estes "super-homens econômicos" puderam prescindir destes apoios e, certamente, a franqueza de sua "religiosidade" foi geralmente mais que suspeita. As classes médias, e especialmente os estratos elevados, foram os que assumiram essa orientação religiosa específica que, na realidade, devemos procurar não julgar como se tivesse uma origem exclusivamente oportunista.[6] Não obstante, nunca se deve ignorar o fato de que sem a propagação generalizada destas qualidades e princípios de um estilo de vida metódico, qualidades que se conservaram em e por essas organizações religiosas, o atual capitalismo não seria o que é, nem mesmo nos Estados Unidos. A história de qualquer território do mundo (exceto àqueles severamente feudalistas ou patrimonialistas) registra em algum período em que aparecem figuras capitalistas semelhantes a Pierpont Morgan, Rockefeller, Jay Could e outros. A única coisa que se modifica são os *meios* técnicos que utilizaram para a aquisição de riquezas (naturalmente!). Estão, e estiveram, "mais além do bem e do mal". Mas por mais ampla que seja considerada sua importância para as transformações econômicas em outros sentidos, jamais foram fatores relevantes da determinação da mentalidade econômica que predominaria em um período e em um determinado território. Em especial, não foram os inventores, nem se converteriam nos guardiões da mentalidade burguesa especificamente ocidental.

Não examinaremos aqui a relevância política e social das seitas religiosas e as múltiplas organizações e clubes norte-americanos, também exclusivos, cuja integração é decidida mediante votação. Toda a vida de um *ianque* típico da geração anterior transcorre através de uma sucessão de organizações exclusivas desta classe, desde o Clube Juvenil no colégio, passando pelo Clube Atlético ou a Associação "Alpha Phi

---

[6] A respeito, a "hipocrisia" e o oportunismo material não haviam crescido muito mais na América do Norte que na Alemanha onde, em definitivo, tampouco era possível chegar a ser oficial o funcionário "sem possuir uma afiliação ou predileção religiosa". E um prefeito de Berlin não foi designado oficialmente porque não havia batizado a um de seus filhos. A diferença residia na orientação da "hipocrisia" convencional: carreiras na Alemanha, oportunidades de negócios na América do Norte.

Beta Kappa" ou alguma outra classe de clube estudantil. Posteriormente, por algum dos diversos clubes notáveis de comerciantes e burgueses, ou finalmente pelos clubes da plutocracia metropolitana. A admissão significava a garantia de uma carta de promoção e, sobretudo, um certificado de autoestima; a admissão significava haver-se "provado" a si mesmo. Um estudante não admitido em *nenhum* clube ou semiassociação era, geralmente, uma espécie de pária. Descobri suicídios provocados por esse motivo. Em termos gerais julgava-se pouco digna de crédito a capacidade de serviço de um homem de negócios, um mecânico, um técnico ou um médico que se encontrasse nessa situação. Atualmente muitos grupos dessa classe são os promotores dessa inclinação para a constituição de grupos de *status* aristocráticos própria da evolução norte-americana contemporânea. Esses grupos de *status* cresceram paralelamente e, algo que deve ser considerado parcialmente se apresenta em antagonismo com a plutocracia desavergonhada.

Nos Estados Unidos apenas o "dinheiro", que pode comprar poder, não pode comprar honra social. Naturalmente, é um meio para a obtenção de prestígio social. Outro tanto acontece na Alemanha e em todas as partes; só que na Alemanha a via adequada para a aquisição da honra social consistia na compra de uma propriedade feudal seguida pela criação de uma herança e a aquisição de nobreza titular; isto favorecia, por sua vez, a aceitação dos *netos* na "sociedade" aristocrática. A antiga tradição norte-americana venerava mais ao homem que havia triunfado por seus próprios méritos que a seus descendentes, e o meio de acesso à honra social era pertencer a uma fraternidade gentil de alguma eminente universidade e anteriormente a alguma seita distinta (a presbiteriana, por exemplo, em cujas igrejas de Nova Iorque os bancos possuíam almofadas e leques). Nos dias de hoje o importante é pertencer a um clube distinto. Também importa a classe de moradia (na "rua" da qual as cidades de certa extensão quase nunca carecem) e o tipo de roupa e de esporte. Só ultimamente tornou-se relevante o fato de descender dos pais peregrinos, de Pocahontas e outras damas índias, etc. Não cabe realizar aqui uma análise mais detalhada. Há numerosas agências e escritórios de interpretação de todo tipo, consagrados à reconstrução genealógica da plutocracia. Todos esses fenômenos, com frequência bastante ridículos, estão incluídos no extenso setor de europeização da "sociedade" norte-americana.

Antigamente, e até a atualidade, foi justamente um traço típico da democracia especificamente norte-americana o fato de que *não* consistiu em um enorme acúmulo de indivíduos senão antes em um trabalhoso conjunto de associações estritamente exclusivas, ainda que voluntárias. Até muito pouco essas associações ainda não respeitavam o prestígio de berço e de riqueza *herdada*, do cargo e do diploma educacional; ou pelo menos o respeitavam em uma medida mínima, fato que em outras partes do mundo ocorreu raramente. Contudo, estas associações estavam longe de aceitar a qualquer um com os braços abertos e em pé de igualdade. Certamente, há quinze anos, um fazendeiro norte-americano não haveria passado com seu hóspede junto a um lavrador (norte-americano de nascimento!) sem o fazer "estender as mãos" após havê-los apresentado formalmente.

Antes, em um clube norte-americano típico, a ninguém ocorreria pensar, por exemplo, que os dois membros que estavam jogando bilhar haviam tido uma relação de chefe e empregado. A igualdade entre cavalheiros predominava sem restrições.[7] Claro que a esposa do trabalhador norte-americano, ao acompanhar o sindicalista em um almoço, adaptava inteiramente sua roupa e modos ao protótipo da senhora burguesa, ainda que em um estilo mais simples e vulgar.

Nesta democracia, quem aspirava ser aceito em qualquer posição deveria adotar os convencionalismos da burguesia, como as rígidas modas masculinas, mas, também devia estar em condições de demonstrar que conseguira ingressar, mediante votação, em alguma seita, clube ou associação fraternal, de qualquer tipo, sempre que sua legitimidade era convincentemente provada. E na própria sociedade devia seguir acreditando em sua qualidade de cavalheiro. Na Alemanha ocorria algo semelhante com o ingresso ao Couleur[8] e a designação de um oficial da

---

[7] Nem sempre ocorria o mesmo nos clubes germano-norte-americanos. Quando perguntaram a alguns jovens comerciantes alemães de Nova Iorque (com os mais notórios nomes hanseáticos) por que todos queriam ingressar em um clube norte-americano, em lugar dos bem mobiliados clubes alemães, me responderam que seus chefes (germano-norte-americanos) ocasionalmente jogavam bilhar com eles, mas que em todos os casos sugeriam que eles estimavam estar se portando "muito bem" ao fazê-lo.

[8] Fraternidade estudantil.

reserva para *commercium* e *connubium*, assim como a relevância que, na ordem de *status*, tem a idoneidade para satisfazer aos duelos. O fato é o mesmo; a diferença específica reside na direção e no efeito material.

Quem não conseguisse afiliação não seria um cavalheiro; quem recusava fazê-lo, como ocorreu frequentemente entre os alemães,[9] deveria empreender um difícil caminho, particularmente no âmbito dos negócios.

Não obstante, como já o assinalamos, não discutiremos aqui a importância social dessas condições, que estão em um processo de profunda transformação. Primordialmente interessa-nos a circunstância de que a posição moderna dos clubes e sociedades com ingresso por votação é, sobretudo, produto de um desenvolvimento de secularização. Sua posição deriva da importância muito mais restrita do modelo de outros agrupamentos voluntários, a saber, as seitas. A origem dos agrupamentos voluntários encontra-se, de fato, nas seitas da pátria dos legítimos *ianques*, dos estados do norte da costa atlântica. É preciso ter em mente, acima de tudo, que a igualdade universal de direitos políticos no seio da democracia norte-americana (mas só para os brancos; mesmo na atualidade, os negros e toda classe de mestiços não tem na prática uma igualdade de direitos[10]), e também a "separação entre igreja e Estado", são conquistas que essencialmente só datam do começo do século XIX. Observemos que durante o período colonial, nas regiões centrais da Nova Inglaterra, sobretudo em Massachusetts, a condição prévia para a obtenção de plena cidadania dentro do Estado era o *status* de plena cidadania dentro da igreja. Na prática, a congregação decidia a obtenção ou não do *status* de cidadania política.

A determinação condicionava-se a que a pessoa houvesse *provado* sua qualificação religiosa por meio de seu comportamento, no significado mais extenso do termo, tal como ocorria em todas as seitas puritanas. Os quáqueres da Pensilvânia foram também senhores deste Estado até pouco antes da Guerra da independência. Isso era o que

---

[9] Tenha-se em mente, porém, a observação anterior. A admissão em um clube norte americano (no colégio ou posteriormente) sempre constitui o momento crucial para a perda da nacionalidade alemã.

[10] N.T. Tenha em mente o leitor que o texto foi escrito antes de 1920.

acontecia de fato, apesar de formalmente não serem os únicos cidadãos com plenos direitos políticos. Só foram senhores políticos à custa de muitas maracutaias eleitorais.

O grande valor social da participação nos direitos da associação sectária, primordialmente a distinção de ser recebido na *Santa Comunhão*, determinou que nas seitas fosse cultivada essa ética profissional ascética que foi característica das primeiras etapas do capitalismo moderno. É possível provar que em qualquer lugar, também na Europa, a religiosidade das seitas ascéticas produziu durante vários séculos o mesmo efeito do qual nos ocupamos acima.

Se levamos em conta os antecedentes religiosos dessas seitas protestantes, é possível encontrar em seus documentos literários, particularmente nos dos quáqueres e batistas, até durante o século XVII, uma repetida alegria pela circunstância de que os pecadores "filhos do mundo" desconfiam uns de outros nos negócios, mas adquirem confiança quando tratam com piedosos religiosamente purificados.

Por conseguinte, dão crédito unicamente e entregam seu dinheiro em depósito aos piedosos, e compram nos comércios destes porque ali, e só ali, compram a preços justos e estáveis. Sabe-se que os batistas sempre foram os primeiros em reivindicar terem sido os iniciadores de fazer da política de preços uma questão de princípio. Também os quáqueres atribuíam a si esta honra, como prova a seguinte citação que me foi indicada por Edward Bernstein:

Mas os primeiros membros da seita não só julgavam sagradas suas palavras e compromissos em assuntos relacionados com a lei do país. Notou-se que este traço também se dava em suas relações comerciais. Quando pela primeira vez agruparam-se socialmente, viram-se prejudicados em sua qualidade de comerciantes, pois os clientes, aborrecidos pela peculiaridade de seus modos, não foram mais aos seus estabelecimentos. Contudo, após pouco tempo todos se queixavam de que estavam dominando o comércio do país. Esta queixa deveu-se a uma rigorosa exclusão de toda relação comercial entre eles e os outros, e também em *virtude de que jamais cobravam dois preços distintos pelas mercadorias que vendiam.*

Claro que a ideia de que os deuses recompensam com riquezas ao homem que os agrada, por meio de sacrifícios ou por seu comportamento, expandiu-se pelo mundo inteiro. Não obstante, as seitas protestantes vincularam conscientemente esta ideia com este *tipo* de comportamento religioso, de acordo com o dogma do capitalismo primitivo: "A honradez é a melhor política". Esta conexão se dá, ainda que não de maneira excludente, entre as seitas protestantes, mas só entre estas manifesta-se com uma continuidade e coerência características.

Desde o começo, toda a ética definidamente burguesa foi compartilhada pelas seitas e associações ascéticas, e se sobrepõe com a ética praticada pelas seitas e associações ascéticas, e se sobrepõe com a ética praticada pelas seitas até a atualidade. Os metodistas, por exemplo, tinham por proibição:

1) fazer pechinchas;
2) comercializar mercadorias antes de haver pago os impostos relativos a elas;
3) buscar interesses mais altos do que permite a lei do país;
4) "acumular tesouros em terras" (referindo-se à conversão do capital de inversão em "capital consolidado");
5) pedir empréstimos sem assegurar previamente a própria capacidade de saldar a divida, e
6) todo o tipo de juros.

Contudo, na origem das seitas ascéticas não só encontramos esta ética, a qual já estudamos detalhadamente em outra parte,[11] mas, primordialmente, nesta origem encontram-se os estímulos sociais, os meios de disciplina e, em geral, toda a estrutura organizada do sectarismo protestante, com todas as suas derivações. Os reflexos deste protestantismo que se dão na América do Norte contemporânea são derivados de um ordenamento da vida que desde antiga data operou com suma eficiência. Vejamos, em uma breve análise, a índole destas seitas e a maneira e sentido de sua atuação.

No protestantismo, a primeira aparição expressa do princípio da "igreja de crentes" se deu em 1523-4, entre os batistas de Zurique. Este princípio limitava a congregação aos "verdadeiros" cristãos; por conseguinte, implicava uma associação voluntária de pessoas efetivamente santificadas, separadas do mundo. O batismo das crianças havia sido

---
[11] Ética protestante e o espírito do capitalismo.

rejeitado por Thomas Münzer que consentiu quanto a um novo batismo dos adultos batizados quando crianças (anabatismo). Em 1525, os batistas de Zurique, seguindo a Thomas Münzer, introduziram o batismo de adultos. Os principais propagadores do movimento batista foram artesãos assalariados migradores; cada perseguição os impulsionava a levá-los a novas regiões. Aqui não nos ocuparemos detalhadamente das modalidades individuais deste ascetismo mundano voluntário dos antigos batistas, os menonitas ou os quáqueres, nem discutiremos o modo como todas as religiões ascéticas, incluindo o calvinismo e o metodismo, se encontraram reiteradamente forçadas a seguir semelhante caminho.

Isso levou ao conciliábulo de cristãos exemplares *no seio* da igreja (pietismo), ou antes à congregação de "cidadãos religiosos com plenitude de direitos"; julgada como irrepreensível, passou a dominar *sobre a* igreja. Os demais membros permaneciam simplesmente como grupo de *status* passivo, como cristãos menores sujeitos à disciplina.

O conflito externo e interno que se deu no seio do protestantismo entre os dois princípios estruturais da "igreja", como associação obrigatória para o outorgamento da graça, e da "seita", como agrupamento voluntário de pessoas religiosamente hierarquizadas cobre um espaço de vários séculos, de Zwinglio a Kuyper e Stöcker. Aqui só faremos algumas considerações sobre as consequências do princípio voluntarista que alcançam um sentido prático em virtude de sua influência sobre o comportamento. Ademais, observaremos somente que a concepção decisiva de manter pura a Santa Comunhão e de manter afastadas, consequentemente, às pessoas não santificadas, também deu lugar a um modo de aplicação da disciplina eclesiástica entre as igrejas que não puderam formar seitas. Os puritanos da predestinação, com efeito, foram os que mais se aproximaram da disciplina das seitas.

Isso prova a primordial significação social da Santa Comunhão para as comunidades cristãs. Para as próprias seitas, a concepção da pureza da comunhão sacramental foi essencial desde o início. De imediato, o primeiro voluntarista de importância, Browne, mostrou em seu *Treatise of Reformation without taryng for anie* (provavelmente de 1582) que o dever de estar em comunhão com "homens perversos" durante a Santa Comunhão era a causa fundamental para rejeitar o episcopalismo e o presbiterianismo. A igreja presbiteriana tratou em vão de resolver o problema. Já sob a monarquia de Isabel (Conferência de Wandworth) este foi o fato essencial.[12]

A questão de *quem podia* excluir uma pessoa da Santa Comunhão teve frequente importância no Parlamento durante a Revolução inglesa. No começo (1645), os ministros e os anciãos, quer dizer, homens leigos, deviam resolver com liberdade estes problemas. O Parlamento tratou de estabelecer os casos em que deveria ser permitida a exclusão e todos os demais passaram a submeter-se à aprovação do Parlamento. Isto implicava um "erastianismo" contra o que protestou energicamente a Assembleia de Westminster.

Só foram admitidas pessoas com passes de comunhão, além dos residentes locais com uma posição reconhecida como boa. Os membros de congregações de outras localidades recebiam unicamente passes depois de haver sido recomendados por membros de prestígio. Os certificados de qualificação (cartas de recomendação), que se entregavam em caso de viagem ou de mudança de um lugar para outro, também surgem no século XVII. No *seio* da igreja oficial, os conciliábulos (associações) de Baxter, que em 1657 apareceram em dezesseis condados, configuraram uma espécie de repartição de censura voluntária. Elas contribuíram na ajuda ao ministro quanto à determinação da qualificação e exclusão da Santa Comunhão de pessoas indecentes. Quase toda a história da igreja da Nova Inglaterra apresenta discussões sobre estes problemas: Quem devia receber os sacramentos? Podiam ser batizados os filhos de pessoas não admitidas?[13] Em que termos podiam estas últimas ser admitidas? A questão residia em que a pessoa merecedora não só tinha direito de receber a Santa Comunhão, mas que também *devia* recebê-la. Por conseguinte, se o crente não estava seguro de seu mérito e decidia não participar na Santa Comunhão, a decisão não excluía seu pecado. Além do mais, toda a congregação era responsável diante do Senhor de conservar separadas da congregação às pessoas sem dignidade, e particularmente as réprobas, a fim

---

[12] No reinado de Isabel, os presbiterianos ingleses tinham o propósito de reconhecer os 39 artigos da Igreja anglicana (com reservas quanto aos artigos 34-36, que aqui não nos interessam).

[13] Na petição brownista ao rei Tiago, em 1003, havia um protesto contra isso.

de manter a pureza. Consequentemente, a congregação era especificamente responsável da ministração do sacramento por um ministro meritório, em estado de graça. Desse modo, ressurgiram os problemas fundamentais da constituição da igreja. O compromisso proposto por Baxter foi uma tentativa de conseguir que ao menos em um caso urgente o sacramento fosse ministrado por um ministro indigno, ou seja, por um cuja conduta fosse censurável.

O antigo princípio donatista do carisma pessoal contrapunha-se aguda e inflexivelmente ao dogma da igreja como instituição dispensadora de graça, como ocorria na época dos cristãos primitivos. O princípio da graça instituída foi basicamente estabelecido na Igreja católica mediante o *character indelebilis* do sacerdote, mas também impôs-se nas igrejas oficiais da Reforma. O intransigente radicalismo da ideologia independentista fundava-se na responsabilidade religiosa da congregação em sua totalidade. Fazia alusão não só ao mérito dos ministros, mas também aos crentes admitidos na comunhão. E, em geral, esta situação ainda se mantém.

Durante as últimas décadas, como é sabido, o cisma de Kuyper adquiriu amplas repercussões políticas na Holanda, e deu-se da seguinte maneira: opondo-se às pretensões do governo eclesiástico sinodal da *Herformde de Kerk der Nederlanden*, os anciãos de uma igreja de Amsterdã, por conseguinte *leigos*, conduzidos pelo que seria o primeiro ministro Kuyper (que era também um simples ancião leigo), rejeitaram como garantia insuficiente de admissão na Comunhão os certificados de admissão dados por pastores de outras congregações, se em sua consideração estes pastores eram dignos ou eram não crentes. Substancialmente, esse mesmo conflito foi produzido entre presbiterianos e independentes no curso do século XVI; efetivamente, a total responsabilidade da congregação dava lugar a consequências de grande importância. Justaposto ao princípio voluntarista, ou seja, admissão irrestrita dos qualificados, e unicamente destes como membros da congregação, temos o princípio de soberania da *comunidade* religiosa local. Só essa comunidade tinha direito a decidir se um membro tinha qualificação, com base em dados e informação pessoais. O governo eclesiástico de um agrupamento interlocal não podia fazer isso, ainda que a eleição deste governo fosse totalmente livre. Tinha-se apenas uma quantidade reduzida de membros e a congregação podia fazer discriminação. Consequentemente, em princípio só eram adequadas as congregações relativamente reduzidas.

Com o crescimento das comunidades vieram os conciliábulos, como no pietismo, ou antes, a organização grupal dos adeptos que, por sua vez, mantinham a disciplina eclesiástica, como no metodismo.

A rígida disciplina moral da congregação independente constituía o terceiro princípio. E não podia ser de outra maneira, em razão do desejo de manter a pureza da comunidade sacramental (ou, como ocorria entre os quáqueres, a pureza da comunidade de oração). Na prática a disciplina da seita ascética foi muito mais rígida que a de qualquer outra igreja. A esse respeito, a seita se assemelha à ordem monástica. Também a disciplina da seita se assemelha à disciplina monástica enquanto esta baseava o princípio do noviciado.[14] Contrariamente aos princípios das igrejas protestantes oficiais, geralmente proibia-se todo contato dos integrantes da congregação com as pessoas expulsas por ofensas morais. Desse modo, a seita fomentava um boicote irrestrito, mesmo à vida comercial. E a seita outorgava preferentemente aos leigos esse poder disciplinatório. Nenhuma autoridade espiritual podia assumir a responsabilidade conjunta da comunidade diante de Deus. Mesmo entre os presbiterianos os anciãos leigos alcançaram grande relevância. Não obstante, os independentes, e em maior medida os batistas, encarnaram a luta contra o domínio da congregação pelos teólogos. O resultado dessa luta foi a natural clericalização dos membros leigos, que haviam assumido o controle moral, através da autodeterminação, admoestação e provável excomunhão. Na igreja o predomínio leigo manifestou-se, parcialmente, na exigência de liberdade de pregação para os leigos (liberdade de profetizar). Para legitimar esta petição trouxeram a colação as condições da comunidade cristã originária. Essa exigência não só contradizia a concepção luterana do cargo pastoral, mas também a concepção presbiteriana da ordem divina. O predomínio leigo manifestou-se,

---

[14] Provavelmente existiu em todas as seitas um período de prova. No caso dos metodistas, por exemplo, durava seis meses.

parcialmente, em uma oposição a todo teólogo ou pregador profissional e na concepção de que o importante não eram nem a instrução nem o cargo, mas o carisma.[15]

Os quáqueres sustentavam o princípio de que todos podiam falar na reunião religiosa, mas que só devia fazê-lo quem se sentisse inspirado pelo espírito. Não existe entre eles, pois, nenhum ministro profissional. Claro que, provavelmente, não existe na atualidade nenhum lugar em que isso seja feito de maneira radical. Segundo a "lenda", os membros que, conforme a experiência da congregação, são particularmente receptivos ao espírito durante o serviço, tomam assento à frente da congregação em um banco especial. Os concorrentes esperam, silenciosamente, que o espírito desça para um deles – ou para outro membro qualquer da congregação. Mas, infelizmente, e contra minhas expectativas, no dia que assisti a um culto celebrado em um colégio da Pensilvânia, o espírito não desceu sobre a anciã simples e elegantemente vestida que ocupava o banco e cujo carisma era tão elogiado. Desceu, por outro lado, e sem dúvida de maneira já combinada, sobre um fervoroso bibliotecário que pronunciou uma instrutiva conferência sobre o conceito de "santo".

Nem todas as seitas compartilham, certamente, posições tão radicais. Não obstante, ou o ministro não se comporta especialmente como um "assalariado" e só desempenha um cargo honorífico, ou é recompensado por seus serviços mediante doações honoríficas voluntárias.[16] Seu serviço ministerial, por outro lado, pode constituir uma ocupação secundária e cobrir apenas seus gastos;[17] ou pode ser relevado em qualquer momento; ou predomina uma espécie de organização missionária com pregadores ambulantes que só trabalham esporadicamente no mesmo "circuito", como ocorre com os metodistas. Se conservasse-se o cargo (no sentido tradicional) e, portanto, a idoneidade teológica, esta capacidade era considerada um simples

---

15 Já Smyth, em Amsterdã, exigia que o regenerado não utilizasse a Bíblia nem sequer para pregar.

16 Esse último foi solicitado por todos os pregadores no Convênio do Povo de 19 de maio de 1049.

17 Como ocorre com os pregadores locais metodistas.

pré-requisito técnico e especializado. A qualidade realmente crucial era, portanto, o carisma do estado de graça, e este devia ser reconhecido pelas autoridades.

Os censores de Cromwell (organismos locais que emitiam os certificados de idoneidade religiosa) e os privadores (repartição disciplinária ministerial)[18] foram autoridades encarregadas de determinar a capacidade de serviço dos ministros. O carisma da autoridade conservava-se tanto como o carisma de pertencer à comunidade como tal. Assim como o exército de santos de Cromwell só autorizava a comunhão de pessoas religiosamente idôneas, também os soldados de Cromwell negavam-se a combater às ordens de um oficial que não fosse integrante de sua comunidade sacramental dos religiosamente idôneos.

Internamente, entre os membros da seita, predominava o espírito da originária fraternidade cristã, pelo menos entre os batistas e igrejas derivadas exigia-se esta fraternidade. Em algumas seitas considerava-se tabu recorrer aos tribunais.[19] Prestar ajuda mútua, em caso de necessidade, era uma obrigação. Desde cedo, não estava vedado realizar operações *comerciais* com não membros (exceto em várias ocasiões e em comunidades muito radicais).

Não obstante, dava-se como certo que os irmãos eram favorecidos.[20] Já desde o começo encontramos o sistema de certificados (concernentes à afiliação e comportamento), entregues aos membros que mudavam para outro lugar. A caridade dos quáqueres desenvolveu-se de tal modo que finalmente afetou sua tendência propagandística, consequentemente, dos gastos que haviam realizado. A coesão alcançada pelas congregações foi tal que, com razão, foi considerada como um elemento decisivo do povoamento da Nova Inglaterra. Contrariamente

---

18 Segundo a proposição de 1052 e, especialmente, também segundo a constituição da igreja de 1654.

19 Frequentemente os metodistas desejaram sancionar com a expulsão toda apelação ao juiz secular. Por outro lado, em alguns casos, instituíram autoridades às que se podia recorrer em caso de que os devedores não pagaram rapidamente sua divida

20 Isso estava explicitamente prescrito entre os metodistas.

ao ocorrido no Sul, em termos gerais, os povoamentos da Nova Inglaterra foram compactos e desde seu começo apresentaram um caráter fortemente urbano.[21]

De todos esses aspectos infere-se que as funções modernas das seitas e organizações sectárias norte-americanas, tal como foram descritas no começo deste ensaio, são resultantes imediatos, rudimentos e reminiscências das condições que originariamente predominaram em todas as seitas e conciliábulos ascéticos. Nos dias de hoje elas estão em decadência. Está provado que, desde o começo, existiu entre os sectários uma "honra de casta" muito exclusiva.[22]

Assim sendo, que parte de todo este processo foi realmente relevante, para nossa questão? A excomunhão, na Idade Média, também teve efeitos políticos e cívicos e formalmente foram ainda mais dolorosos ali onde existia liberdade de seita. Por outro lado, nessa época só os cristãos alcançavam a cidadania com plenitude de direitos. Durante a Idade Média também se podia atuar, mediante os impulsos disciplinares da igreja, contra um bispo que não pagasse suas dívidas, e isto precisamente outorgava ao bispo um crédito maior que o dado a um monarca secular. Igualmente, na circunstância de um tenente prussiano ser licenciado podia-se pagar suas dívidas conferindo-lhe um crédito maior. É possível dizer algo análogo da fraternidade estudantil alemã. No curso da Idade Média, a confissão oral e a estrutura disciplinar da Igreja também ministravam os recursos necessários para uma imposição eficaz da disciplina eclesiástica. Finalmente, para ratificar uma exigência legal utilizava-se a ocasião da excomunhão do devedor.

Contudo, na totalidade desses casos, os modos de comportamento, propiciados ou proibidos por meio destes recursos e condições, diferenciavam-se completamente dos mantidos ou reprimidos pelo ascetismo protestante. No caso do tenente, ou do estudante incorporado a

---

21 Na obra de Doyle que temos citado com frequência, ele relaciona este elemento com a índole industrial de Nova Inglaterra, em contraste com as colônias agrícolas.

22 Cf., por exemplo, os comentários de Doyle sobre as condições de *status* na Nova Inglaterra, onde a aristocracia não estava constituída pelas "classes proprietárias" mas pelas famílias que acreditavam em uma antiga tradição religiosa literária.

uma fraternidade, e provavelmente no caso do bispo, o maior crédito outorgado não devia-se à comprovação de qualidades pessoais aptas para os negócios e, também, mesmo nos três casos tratava-se de que os efeitos fossem da mesma índole, estes funcionavam de maneira muito diversa. Primeiramente, a disciplina da igreja medieval, como a luterana, achava-se a cargo do que tinha um posto ministerial; segundo, esta disciplina exercia-se, na medida em que era eficaz, por meio de recursos autoritários; e, terceiro, sancionava e recompensava atos individuais concretos.

Entre os puritanos e as seitas, a disciplina eclesiástica estava a cargo, acima de tudo, pelo menos parcialmente e geralmente por completo, dos leigos; logo, era exercida por meio da necessidade de cada um de provar sua própria capacidade: e, em terceiro lugar, promovia, ou, talvez melhor, selecionava capacidades. Esse último é o mais significativo.

O membro da seita ou conciliábulo, para poder entrar no círculo comunitário, devia ter determinadas qualidades. A possessão destas qualidades foi importante para a evolução do capitalismo racional moderno, como foi mostrado em outra parte.[23] O membro, para demonstrar seu valor nesse círculo, devia *provar* reiteradamente que possuía essas qualidades. Estas eram-lhe infundidas constantemente. Efetivamente, assim como sua beatitude no mais além, toda sua vida social neste mundo dependia de que se *"provasse"* a si mesmo. Por outro lado, a confissão católica dos pecados foi uma maneira de *esquecer* ao crente da pressão interna a qual estava continuamente submetido o comportamento do membro da seita. Aqui não nos ocuparemos do modo como algumas comunidades religiosas medievais, ortodoxas e heterodoxas, foram precursoras das igrejas ascéticas do protestantismo.

A experiência prova que o recurso mais efetivo para infundir traços é por meio da necessidade de provar o próprio valor no círculo ao qual se pertence. Por conseguinte, a disciplina permanente e discreta das seitas teve, acerca da disciplina eclesiástica autoritária, o mesmo significado que a seleção racional com as ordens e proibições.

---

[23] Ética protestante e o espírito do capitalismo.

Nesse sentido, como quase na maioria dos demais, as seitas puritanas mostram-se como as depositárias mais definidas da forma de ascetismo intramundano. Por outro lado, são as mais coerentes e, de certo ponto de vista, constituíam a contraposição da igreja católica universalista, que é uma instituição compulsiva para a administração da graça. As seitas puritanas trouxeram a implantação dos motivos mais fortes do amor próprio social. Por conseguinte, as motivações *individuais* e os interesses pessoais também contribuíram à manutenção e difusão da ética puritana "burguesa", com todas suas derivações. Isto é de todo essencial para sua propagação e sua grande influência.

Reiteramos que o importante não é a doutrina de uma religião, mas o comportamento *premiado*. Esses prêmios atuam por meio do caráter dos correspondentes bens de salvação. Esse comportamento é o *ethos* determinado "de cada um" no sentido sociológico da palavra. No puritanismo, esse comportamento constituiu determinada maneira de vida metódica, racional, a qual, em condições específicas, preparou o terreno para o "espírito" do capitalismo moderno. Os prêmios residiam no fato de haver-se "provado" diante Deus, a respeito da conquista da salvação – a qual se manifesta em *todas* as igrejas puritanas –, e haver-se "provado" diante os homens, acerca da demonstração social do próprio valor no seio das seitas puritanas. Essas duas características complementaram-se mutuamente e agiram no mesmo sentido: manifestaram o "espírito" do capitalismo moderno, seu *ethos* característico, o *ethos* das modernas *classes médias burguesas*. Os conciliábulos e seitas ascéticas foram um dos fundamentos essenciais mais significativos do "individualismo" moderno. Sua separação radical acerca dos vínculos patriarcais e autoritários, assim como sua maneira de interpretar o princípio de que é preciso obedecer mais a Deus que aos homens, foi especificamente decisiva.

Finalmente, devemos acrescentar um comentário comparativo que facilitará a compreensão da índole destas consequências éticas. Nos grêmios medievais era habitual a existência de uma regulamentação do nível ético geral dos membros, análogo ao da disciplina das seitas ascéticas protestantes. Mas é obvia a diferença existente entre a repercussão que exercem o grêmio e a seita no comportamento econômico. O grêmio propiciava a união de membros que exerciam igual ocupação; por conseguinte, unia *concorrentes*. A finalidade era limitar a competência e também a busca racional por lucros. O grêmio inculcava virtudes "cívicas" e, de certo modo, foi depositário do "racionalismo" burguês (uma questão da qual não nos ocuparemos aqui). O grêmio realizava tudo isso por meio de uma "política de subsistência" e mediante o tradicionalismo.

Já foram estudadas as consequências práticas do controle agremiador da economia, basta o ponto em que esse controle pode realizar-se. As seitas, pelo contrário, uniram seus membros por meio da seleção e promoção de *companheiros de fé* eticamente qualificados. A seita tinha o controle do comportamento dos membros *exclusivamente* quanto à sua *retidão* formal e ascetismo disciplinado. Não tinha um objetivo determinado, induzido por uma política de subsistência material, que dificultasse um desenvolvimento da busca racional do lucro. O êxito capitalista de um membro do grêmio minava o espírito do grêmio – como ocorreu na França e na Inglaterra – e, por conseguinte, evitava-se esse êxito capitalista. Por outro lado, o êxito capitalista do membro de uma seita, se obtido legalmente, era uma prova de seu mérito e de seu estado de graça e acrescentava o prestígio e as ocasiões de difusão da seita. Esse êxito, portanto, era bem recebido. Claro que a organização gremial do trabalho, em sua norma medieval ocidental, não só foi um impedimento para a estruturação capitalista do trabalho, mas também uma condição prévia, inevitável, desta estrutura. Porém, desde cedo, o grêmio não podia produzir o *ethos* capitalista burguês moderno. Somente o estilo metódico de vida das seitas ascéticas podia dar legitimidade e glorificar os interesses econômicos "individualistas" do *ethos* capitalista moderno.